臺灣與民主的距離

馬英九基金會、長風基金會
編

序

臺灣民主，是進步？或退步？

馬英九（中華民國第十二、十三任總統、馬英九基金會董事長）

民國七十六年七月十五日，蔣經國總統下令解除臺澎地區三十八年的戒嚴，開放報禁，政府接著開放黨禁，全面改選國會與民選總統，臺灣順利完成政治民主化。九十七年三月二十二日，我當選中華民國第十二任總統當天晚上，美國小布希總統來電讚美「臺灣是亞洲和世界民主的燈塔」（Taiwan is a beacon of democracy to Asia and the world），全國人民同感榮耀。

自由、民主向來是我國傲人的成就，但三年前民進黨執政以來，臺灣與民主的距離，似乎越來越遠了。

一、「轉型正義」轉向威權復辟

在「轉型正義」大旗下，蔡政府利用民進黨在立法院的多數，三年來先後通過《不當黨產處理條例》及《促進轉型正義條例》，設立「不當黨產處理委員會」與「促進轉型正義委員會」。這兩個所謂的「獨立機關」，不僅不獨立，所作所為也大有違憲之嫌。黨產會在未經法院許可下，調查搜索特定在野黨的房舍，甚至取代法院角色，依據「有罪推定」、「溯及既往」、「個案立法」等違反「法治國」原則及「正當法律程序」的概念，逕自召開公聽會做出裁決，以凍結、沒收、或拍賣黨產會自行認定為「不當取得」的黨產。黨產會實際在行使檢察官加上法官的職權，嚴重逾越憲法最基本的權力分立體制。

不論是「黨產條例」或「促轉條例」，都是針對國民黨。三年來，國民黨的資產幾乎全部被凍結或扣押；連婦聯會、救國團等被黨產會認定為「國民黨附隨組織」的團體也遭波及。未經「黨產會」允許，國民黨無法動用預算經費，被迫解僱大量黨工。任何民主法治國家的政府，要取得人民財產，必須依法或經過法院審判。臺灣的黨產會，竟然可以片面抄查國民黨及所謂「附隨組織」的財產，完全是不可思議的違法違憲行為。反對黨的財務，居然被控制在執政黨手中，舉世罕見，中華民國在民進黨統治下，似乎變成一個極權國家。

「促轉會」更是驚人。二〇一八年九合一大選前，促轉會副主委張天欽，在內部會議中自我認定「促轉會」的角色與功能，就是明朝的「東廠」，要蒐集在野黨市長候選人的黑資料，作為「除垢」打擊的基礎。消息曝光後，促轉會主委黃煌雄引咎辭職，坦承上任兩個月沒看過公文。外界至此方知，蔡政府近年成立的所謂「獨立機關」，濫權、黑暗到什麼地步！

此外，根據《促轉條例》，民國三十四年八月十五日至民國八十一年十一月四日為「威權時期」，涵蓋日據時代，那對於在日據時代遭迫害的臺籍慰安婦，民進黨政府並沒有依據《促轉條例》向日本政府請求道歉與賠償？難道阿嬤們所期盼的正義，對民進黨來說，還比不上改路名、改校名、改國幣、拆銅像這些事來得重要嗎？

促轉會二〇一八年底公布的兩波撤銷有罪判決名單中，有四百多人是一九五〇年代中共潛伏在臺的諜報員，姓名還鐫刻在北京西山的無名英雄廣場烈士牆上，供人景仰追思，如此轉型正義，又讓那些被中共殺害的國軍弟兄家屬情何以堪？

蔡英文總統說，轉型正義是為了促進社會和解。但實際上，民進黨以違法違憲、粗暴惡質的手段，清算鬥爭在野黨，汙名化並壓制反對勢力，以致朝野關係越來越惡化，許多訴訟在進行，社會對立越來越嚴重。蔡政府推動的轉型正義，不但沒有促進和解，反而形同威權復辟。

二、卡管案──踐踏民主法治　傷害大學自治

如果說，轉型正義是以崇高的口號做遮羞布，來掩飾打擊異己的行動，那對臺灣大學管中閔校長的「拔管案」，就是赤裸裸地踐踏民主法治。

二〇一八年一月五日，臺大校長遴選委員會選出財務金融系教授、中研院院士管中閔為新任校長；依據《大學法》規定，教育部沒有駁回或改變的權力。但這項人事案，卻被民進黨的教育部擱置了三百四十八天，三位教育部長因本案辭職。管校長好不容易上任後，蔡政府繼續追殺，監察院以莫須有的「違法兼職」理由通過彈劾，公務員懲戒委員會更史無前例的公開審理本案，千方百計羞辱管校長。從卡管到拔管，一再暴露民進

黨的蠻橫與專制，重創臺灣得來不易的民主、法治及大學自治。

三、蔡政府干預司法核心　威脅司法獨立

民進黨執政後的監察院，不僅彈劾管校長，更把黑手伸向司法界，彈劾偵辦彰化曲棍球協會詐領補助款案的檢察官，干預司法權的核心，引發司法界強烈反彈。有資深司法官形容，這種做法就像是過去威權時代，整肅不服從上級指示處理案件的司法人員一樣。諷刺的是，蔡政府積極推動轉型正義，檢討過去強行入罪的歷史時，干預司法的手段卻比過去有過之而不及。

為了「司法改革」，蔡政府開了四十場「司法改革國是會議」，但會中通過制定「妨害司法公正罪」的決議，三年來毫無進展。而蔡總統提名的「蔡系」監委，卻不斷插手干預司法個案，威脅司法獨立。種種倒行逆施，即使輿論大肆批評，蔡總統仍一意孤行。這樣蠻橫輕忽的態度，難怪司法院民調顯示有百分之六十六人民不滿意司法改革成效。

四、修惡公投法　沒收直接民權

各位都知道，公民投票就是憲法第十七條規定的創制複決，目的是保障人民行使直接民權，以彌補代議制度的不足。二〇一八年十一月二十四日地方選舉投票前，中選會把全副精力放在刁難特定公投案，輕忽投票流程的安排，導致開票四個小時後還有人在排隊投票的亂象。

公投結果出爐，「以核養綠」公投以五百八十九萬票（近六成）贊成、四百零一萬（四成）票反對通過。但蔡政府對多數民意視若無睹，蔡總統還帶頭參加二〇一九年四月二十七日的反核遊行。國家元首如此踐踏公投結果，人民怎會相信政府有實施公投的誠意呢？

不僅如此，行政院更進一步透過中選會「修惡」公投法，讓公投日期與大選脫鉤，每兩年才能在八月底舉辦一次，大幅增加公投通過的障礙，等於沒收憲法賦予人民的直接民權！蔡總統經常說她在捍衛臺灣的主權。但她可能忘了憲法第二條規定：「中華民國之主權，屬於國民全體。」當蔡總統剝奪人民的公投權利時，還好意思說自己在捍衛中華民國主權嗎？

蔡總統一向民主不離口，尤其會見外賓或出國訪問時，更口口聲聲以臺灣民主為傲，實際上卻打壓臺灣民主。這種說一套、做一套的態度，就是虛偽、欺騙，難怪連陳水扁前總統、呂秀蓮前副總統，以及不少民進黨知名人士，都跳出來痛批蔡總統違反民主！

蔡總統近來高調支持香港的「反送中」抗爭，但蔡政府修法把公投關入鐵籠的做法，與香港政府修法將逃犯送大陸的做法，同樣是剝奪人民的自由與權利。港府剝奪香港人民免於恐懼的自由，蔡政府剝奪臺灣人民的直接民權。香港的《逃犯條例》已因港人抗議在二〇一九年七月九日壽終正寢，臺灣的《公民投票法》卻在同年六月十七日民進黨全力護盤下一天之內通過。蔡總統根本沒有任何資格和正當性去批評香港政府，她比港府更惡劣！不知自我檢討，還藉機操控反中民粹騙選票，令人不齒。

民進黨已故立委蔡同榮，以及前主席林義雄，長年推動公投，要求修正「鳥籠公投」。二〇一七年《公投法》修正放寬門檻後，林義雄說民進黨「還權於民」，完成了「臺灣民主發展的重大里程碑」。現在民進黨把公投法關入鐵籠，形同封殺公投。蔡同榮一生推動公投，人稱「蔡公投」，而蔡英文一日封殺公投，成了「蔡殺頭（投）」；蔡政府摧毀公投、「奪權於民」，引起許多人民團體強烈不滿，但是，林義雄先生的人呢？他不是對公投有強烈使命感嗎？公投法被惡搞成這樣，一向為公投絕食的林聖人不應該出來說句公道話嗎？

五、臺灣身陷「不自由民主」？

在蔡總統執政下，黨產會、促轉會、中選會、教育部已「東廠化」，淪為政治打手。通傳會（NCC）無法中立維持媒體傳播的市場紀律，陸委會出言恫嚇政黨可能面臨解散。不只行政部門，民進黨還把黑手也伸進司法、監察、考試部門。原本應監督行政部門的立法院，變成行政院的「立法局」，凡事都配合行政院的政策，完全罔顧「多數尊重少數」的民主規範。

蔡政府近來又以「國家安全」為名，強行通過修正「國安五法」，加重刑責超過戒嚴時期，以政治操作箝制言論自由與人權。即使輿論撻伐，蔡總統仍不為所動，還加碼宣示下會期要繼續努力，完成所謂「中共代理人」的修法。難道「思想犯」又要在臺灣借屍還魂？這種麥卡錫主義復辟的「綠色恐怖」令人毛骨悚然！蔡政府屢以國家安全為由，逾越法治、人權、言論自由和政黨政治的界限，為了鞏固政權，不惜傷害臺灣民主，臺灣人還要沉默下去嗎？

美國哈佛大學教授李文茲基（Steven Levitskyk）與齊布拉特（Daniel Ziblatt），在二〇一八年出版的《民主國家如何死亡》（*How Democracies die*）書中，歸納民主國家衰敗的特徵，不是政變或戒嚴，而是：「專制領袖濫用政府權力並完全壓制反對黨，民主制度就用欺瞞大眾的方式，一步一步走向死亡。」臺灣現在，不就是如此嗎？

蔡政府打擊異己的手段，早已超出政黨良性競爭的紅線，一步步摧毀民主政治賴以存在的法治國原則。蔡總統說，「我們會因為民主而偉大」；實際上是「民進黨因反民主而獨大」。臺灣從解除戒嚴開始，全民努力打下的民主根基，在蔡總統主政三年間，已被糟蹋得面目全非，臺灣的民主法治已危如累卵。

我們不能坐視臺灣民主的退步，不能放任新專制的崛起。二〇一八年九合一大選，蔡總統說「選舉是民主價值的保衛戰」；我們在二〇一九年七月十四日召開一場「臺灣與民主的距離研討會」，就是要喚醒愛護臺灣民主的人民，站出來用選票保衛民主，撥亂反正，讓臺灣的民主能重返正道。

臺灣與民主的距離，其實還有一大段路要走。這次的會議只是一個起點，為了讓所有講者、與會者的意見都能被保留下來，作為臺灣往真民主道路的參考，我們邀請這場研討會的專家學者執筆，將會議當天的談話轉化為文章，讓更多民眾有機會明白我們為何憂心。感謝合辦本次研討會的長風基金會、支持本書問世的聯經出版公司，以及所有關心臺灣民主未來的民眾，希望你我的努力都能成為臺灣前進的動力。

目次

導論

臺灣民主的興衰

江宜樺（長風文教基金會董事長、國立中正大學紫荊講座教授）

一、民主不是理所當然的制度

民主政治不是一個容易的課題，因為民主制度在人類歷史上從來不是一個理所當然的制度。

在歷史記載比較清楚的三千多年歷史裡，民主制度的出現及延續，最多不過三百多年。換言之，在人類曾經實行的各種政治制度中，民主既不是最早的制度，也不是唯一的制度，更不是經過最長時間考驗的制度。

有人認為民主雖然歷時不久，但應該是最好的政治制度，因為這種制度尊重人民的意志與選擇，反對權力的專斷與濫用，可以成為人類理想制度的歸宿。但也有人認為民主政治缺失仍多，常常做出不理性、不專業的決定，實在談不上有多完美。借用英國首相邱吉爾的名言來講，民主只是我們勉強可以接受的制度，但絕非最好的制度。

民主政治的歷史經驗的確有限，除了在古希臘時代曾經曇花一現之外，它是在兩、三百年前，才從西歐及北美開始萌芽，慢慢擴散到世界其他地方。我們仔細回顧人類採用民主政治的過程，就會發現不論就其建立、鞏固，或擴張而言，民主政治都是人類政治實驗的一個奇蹟。

民主的建立並不容易，因為人類在大部分時候，寧可相信一個開明的專制君主，把政治權力交給這個君主，也不願意把政治權力交給所有平民百姓，讓大家集體行使統治權。這種想法在古希臘哲學家柏拉圖的名著《理想國》裡，用「哲學家皇帝」的概念，把它表達出來。柏拉圖強烈反對當時雅典所實施的民主政體，一心期待有個文武兼備、智慧卓絕的哲學家能出來拯救眾生，讓國家獲得長治久安。

西方社會一直到近代初期，都仍然相信君主政治，而不是民主政治。在十八世紀的啟蒙運動時期，有不少國家採用「開明專制」做為他們理想的政治形態。大部分的思想家都認為庶民的智能不足以治理國家，如果讓所有民眾都擁有投票的權利，會釀成無法想像的政治災難。

西方固然相信君主政治，東方更是崇拜帝王、先知或法老。中國歷史上以「聖君賢相」為政治理想；印度歷經王朝、蘇丹與帝國的統治；古埃及王國長期信仰法老；阿拉伯帝國的統治者則是哈里發。在這片廣袤無垠的土地上，幾千年來民主都不是人們相信的制度。

一直到三百多年前，當英國議會開始嚴格限制君主的權力，當美國開國元勛開始設計一種主權在民的制度時，民主才在一種非常特殊的歷史情境下，被逐步建立起來。這種制度不依賴開明君主，而主張由所有老百姓以主權者的身分，共同決定攸關他們利益的公共事務，並且可以透過定期選舉，決定誰能擁有統治的正當性。這種相信人民治理能力的設計，在歷史上毫無疑問是少數例外。而民主就像在沙漠中突然綻放的鮮花一樣，是令人驚訝的奇蹟。

直到今天，當許多第三世界國家面臨民主或威權的選擇時，如果問自己一個問題：究竟是要趕快找到一群菁英，相信他們的知識、經驗與智慧，由他們來治理這個國家？還是要把統治權交給所有人民，相信他們都具有足夠的知識與判斷能力，讓他們行使投票權？答案往往仍然是前者而不是後者。

因此，民主的建立從來就不是理所當然的事情。在西方世界，它歷經了幾百年歷史的摸索；在大部分的東方國家，它仍然還沒有被實驗的機會。臺灣是相對幸運的，因為經過幾十年的努力與實驗，民主已經扎下基礎。現在大部分臺灣人都對民主習以為常，以為民主是與生俱來的制度，而實施民主彷彿也屬理所當然，但其實民主的建立非常不容易。

第二，民主的鞏固也不是容易的事情。從第一個民主國家開始出現，到今天全世界有一百多個民主國家，看起來好像一個國家只要開始舉行選舉，隨後就會一帆風順，其實完全不是這麼一回事。許多國家在轉型為民主之後，過不久又放棄民主，或被威權政體所取代。這是一個起起落落的過程，雖然加入民主陣營的國家愈來愈多，但其中有很多都不能算是穩固的民主國家。

根據學者的統計，全世界實施選舉制度的國家，占所有國家總數的百分之六十左右。但是一個國家有定期選舉，並不代表這個國家的民主政治已經上軌道。如果以比較嚴格的「自由主義民主」（liberal democracy）的標準來看，許多國家雖然有選舉，但是人權沒有保障、政黨沒有公平競爭、法治沒有貫徹、司法體系也沒有獨立，實際上並不是「自由民主」，而是「威權民主」。以這些標準來看，學者統計全世界真正合格的民主國家，到目前為止只有百分之四十左右。

換言之，在我們生活的時代中，民主仍然不是多數國家採用的制度。因為在民主政治逐漸擴展的過程裡，很多國家在施行民主一段時間之後，發現民主不能帶來經濟效益、社會穩定，或是由於威權勢力的趁機崛起，又紛紛放棄了民主。這種民主倒退的情形，在我們鄰近的東南亞國家，或在比較遙遠的拉丁美洲及非洲，都屢見不鮮。

已故的哈佛大學教授杭廷頓先生（Samuel P. Huntington）曾經寫過一本書，書名叫《第三波：二十世紀末的民主化浪潮》。他形容民主化的歷史就像一波又一波的浪潮，總共可以分成三個大波段。第一波民主化發生於美國革命與法國革命；第二波民主化發生於第二次世界大戰之後。最近的這一波民主化浪潮則是從一九七四年開始，隨著葡萄牙與西班牙獨裁政權的垮臺，擴散到許多歐、亞、非國家，甚至造成東歐共產體系的解體。第三波民主化是一個波瀾壯闊的歷史運動，比過去第一波、第二波民主化更為驚人。

可是最近史丹佛大學的戴雅門教授（Larry Diamond）提醒我們，第三波民主化已經出現退潮現象。到二〇一六年為止，加入第三波民主化的國家有將近六十個，可是其中有二十九個新興民主國家，在不到幾年的時間裡，又放棄民主，倒退回威權專政政體，其陣亡率大約占了一半，令人無法樂觀。戴雅門教授想提醒的，就是民主政治雖然看起來不斷擴張，但是也隱藏著倒退的危機。民主化並不是「一旦建立，就高枕無憂」的工程，所以本文才會強調，民主的鞏固並不是容易的事情。

第三，就算民主鞏固了，但是民主的維護也不是容易的事情。我們剛剛講的例子，像葡萄牙、西班牙，或是像臺灣、南韓、菲律賓等新興民主國家，都是在一九七四年之後出現，屬於第三波民主化國家。她們的民主根基不夠穩固，也許容易出現倒退現象，但是對於已經存在幾十年、甚至幾百年以上的資深民主國家，例如美國、英國、法國、德國，我們又看到什麼現象呢？不幸的是，我們發現這些老牌民主國家一樣面臨民主倒退的問題。

美國自從選出川普總統後，憲政體制開始出現危機。因為川普總統行事風格不按常理，重大政策一意孤行，不僅造成府會之間衝突升高，也讓美國社會陷入嚴重分裂。他為了遂行自己的競選承諾，一再頒佈緊急命令，挑戰美國三權分立的傳統。

在英國，脫歐公投結果出爐之後，也同樣造成全國性的社會分裂及嚴重的朝野對立。首相梅伊由於無法順利達成脫歐協議被逼下臺，整個內閣必須再度改組，但新內閣仍然無法處理北愛爾蘭的邊境檢查問題。蘇格蘭揚言英國脫歐之後，他們也要脫離英國。許多英國人甚至因為對公投結果不滿，要求再舉辦一次公投，整個社會為此陷入混亂。

在德國、法國、義大利等歐洲國家，最近幾年因為沒有辦法妥善處理難民以及移民的問題，國家同樣陷入分裂危機。事實上，歐洲各國目前都出現了反歐盟、反移民的民粹主義政黨，並獲得相當多民眾的支持，考驗著民主政體因應危機的能力。

我們這個時代所看到的，並不是民主擴展的曙光，而是民主倒退的陰霾。無論是新興民主國家或資深民主國家，都因為民粹主義或威權復辟，而面臨民主崩壞的挑戰。

容我再度強調：民主的維持不是只有對那些剛民主化不久的國家，是一件困難的工作，即使對所謂的老牌民主國家而言，也不是一件理所當然的事情。這就回到本文一開始所強調的命題：民主從來就不是一個容易的課題。

二、臺灣民主發展的艱辛歷程

看完其他國家的情形，讓我們回到臺灣。臺灣目前的民主狀況又是怎麼樣？我們是否也有民主倒退的隱憂？

臺灣的民主政治是歷經四十年的努力，才有目前的成就。但是有些人以為臺灣既然已經躋身民主國家之列，就不可能再倒退回威權政治，而忽略了現在政府很多做法正在掏空民主的根基，這是令人憂心的。

一九四五年第二次世界大戰結束，日本殖民政府撤出，臺灣歸還中華民國。一九四九年，因為國共內戰失利，國民政府退居臺灣，並實施戒嚴。從實施戒嚴這一天開始，中華民國當然就不算是一個民主國家。但是即使在戒嚴時期，國民政府還是根據三民主義「從軍政到訓政、從訓政到憲政」的綱領，一步一步為民主憲政做準備。

一九五〇年，蔣介石總統在臺灣實施了有史以來第一次縣市長選舉，替臺灣的地方自治跟基層民主奠定了基礎。雖然在日本殖民時期，總督府曾在一九三五年施行第一屆市會及街庄協議會員選舉，但當時全臺四百多萬人口中，合格的選民只有兩萬八千人，談不上普及選舉。而且那次選舉只能選出一半的民意代表，另外一半仍然是由殖民政府指派，距離真正的地方自治還遠。相對地，一九五〇年的縣市長選舉是所有合格公民皆可投票，而且縣市長及縣市議會也有地方事務決定權，算是真正基層民主的開始。

雖然地方政府早在一九五〇年代就開放民選，但是省及中央層級就沒有這麼快。省議會從一九五九年開始民選，而中央民意機關則一直要到七〇年代，由於大陸過來的國大代表、立法委員慢慢凋零，才開始進行定期的增額民意代表選舉。但是增額民代的更換比例是有限的，無法改變絕大多數民代終身不必改選的事實。

一九八七年，蔣經國總統正式宣布解除戒嚴，同時開放了黨禁、報禁，讓新的反對黨可以合法成立，也讓各種不同立場的媒體都可以自由經營。這個決定具有劃時代的意義，因為民主政治最重要的基礎是言論自由及政黨競爭。臺灣在經濟自由化十幾年之後，終於迎來了政治自由化的契機。很多人因此認為臺灣的民主轉型是從一九八七年開始，而西方學者也普遍認為解嚴使得臺灣進入第三波民主化國家之林。

臺灣民主化的故事並沒有在一九八七年結束。接下來在一九九二年，李登輝總統設法勸退老國大代表及老立委，並修改憲法讓所有中央民意代表全面改選。這個重要決定終於落實了主權在民的原則，使中央、省及縣市的民意機關，都依照人民的自由意志選出。

一九九二年也是臺灣落實言論自由的關鍵年代，因為那一年修訂了刑法一百條。刑法一百條之所以修訂，是因為大家認為一個人不應該由於政治主張不同而被處罰，這些主張包括臺獨、共產黨等等。雖然這些政治主張跟政府當局或社會主流意見不同，但一個人不應該只因為發表這些主張而被逮捕、判刑。

在一九九二年之前，刑法原本有所謂「意圖顛覆國憲、顛覆政府」的禁止規定。凡是發表這種言論的人，即使沒有涉及到行動，也會被判處徒刑。刑法一百條修正之後，變成人人都享有充分的言論自由，除非實際進行顛覆國體或政府的行為，否則其言論不受懲罰。上面提到一九八七年的解嚴，已經使臺灣享有基本的言論自由，而一九九二年的刑法修正，則讓臺灣成為一個政治言論完全自由的社會。

接著，一九九四年臺灣省省長由官派改成民選，一九九六年實施第一次總統直選，這兩件事都是民主化錦上添花之舉。比較重要的是，二〇〇〇年發生第一次政黨輪替，二〇〇八年第二次政黨輪替，證明臺灣不僅有公平的選舉，而且能夠和平轉移政權。在直接民主方面，二〇〇三年立法院通過《公民投票法》，而二〇〇四年及二〇一六年也配合總統大選舉辦了兩次公民投票，讓人民開始有機會實踐憲法所規定的創制、複決權。臺灣的民主經過這些重要的里程碑，終於成為華人世界的先驅，而臺灣的民主鞏固也獲得舉世肯定。

從上述歷程可以看出，臺灣的民主並不是一步到位，既不是在一九五〇年，也不是在一九八七年、或一九九二年、或一九九六年，而是經過幾十年朝野政黨的努力，最後終於開花結果。換言之，臺灣的民主是靠著所有臺灣人民一起打拚，堅定朝向一個我們相信是比較好的制度前進，才能獲致我們引以為傲的成果。

三、臺灣民主正在倒退之中

臺灣民主歷經四十年的奮鬥，才獲得世界各國的推崇，照說每個人都應該好好珍惜，讓它更加完美、更為大家所肯定。但是不幸的是，最近這三年來臺灣民主政治出現許多問題，不只沒有繼續往前邁進，而且開始倒退，跟我們所看到第三世界國家或部分先進民主國家一樣。

首先，現在的政府沒有好好珍惜臺灣好不容易建立的政黨政治，而以「轉型正義」為名，設立專門機關來打擊反對黨，其目的無非是要讓自己的統治權力永遠不要被挑戰。所謂的「不當黨產處理委員會」跟「促進轉型正義委員會」，分別扮演著彷彿明代「東廠」跟「西廠」的角色，任意調查、搜索、查禁、沒收反對黨的合法財產，甚至可以根據籠統的立法授權去「清除威權象徵」，想方設法扭曲兩蔣時期的歷史功過、摧毀國民政府的統治正當性。只要是當政者視為眼中釘的民間組織，它都可以冠上「國民黨附隨組織」的罪名，任意查封其資產、強迫其改組，如青年救國團、中華婦聯會、軍人之友社、蔣經國基金會等等。這些做法都有違憲、違法之嫌，但執政黨透過對立法院、檢察機關、司法機關、乃至大法官會議的控制，即使違法、違憲也有恃無恐。

第二、我們的政府以「國家安全」為名，修訂所謂的「國安五法」跟《兩岸人民關係條例》，讓一九九二年修訂刑法一百條之後，人民所獲得的政治言論自由，再度倒退到只能講政府認可的言論。凡是政府不認可的言論，就可以指控為危害國家安全，從而濫行取締或判刑。民進黨團版的《兩岸人民關係條例草案》明定，臺灣地區人民、法人、團體或其他機構，不得成為大陸地區黨、政、軍，或涉臺工作團體的「代理人」，從事「危害國家安全或社會安定」的事情。但是何謂「中共代理人」？何謂從事「危害國家安全」的事情？卻完全沒有客觀標準。以目前政府極力誣衊的「九二共識」來講，將來都可能變成「危害國家安全」的言論；而任何跟大陸學者專家討論「一國兩制」利弊得失的研討會，也都可能變成「為匪宣傳」。我們過去在民主化過程好不容易爭取到的言論自由，即將因為這些威權心態復辟的修法，而化為烏有。

事實上，即使所謂「中共代理人」法條還沒訂立，政府早就以「捍衛主權」、「守護民主」、「防止駭客入侵、打擊假新聞」等名義，對媒體及網路通訊進行越來越嚴格的監控及起訴。臺灣的檢調、警察、情治單位在黨政高層的授意下，對Line、Facebook

等社群媒體傳播內容嚴加監控，刪除掉的帳號及各種訊息不計其數。獨立機關「國家通訊傳播委員會」被行政院長公開指責不夠配合政策，導致主委被迫請辭。接任的代理主委不到兩個月時間，又以「身體健康因素」為由，一併辭掉主委及委員的職務。雖然政府否認這些人事變動跟通傳會不能配合打擊不利選情的假新聞有關，但外界普遍認為這是政治力介入獨立機關的結果。最近各大電子媒體新聞臺的負責人或實際資金控制者逐一更換，坊間也紛紛議論跟政府透過發照、換照的權力來控制媒體經營有關。如果這些傳聞屬實，臺灣的言論自由將徹底淪亡；而沒有言論自由的保障，民主政治將無所附麗。

第三、臺灣的直接民主透過公民投票落實，但是二〇一九年執政黨利用國會多數，蠻橫地規定公民投票不得與選舉合併舉行，使得未來公投通過的機率大大降低，等於是「沒收」了公民投票。事實上，我們的公民投票制度在二〇〇三年訂定時，原本被譏諷為一個不夠開放的「鳥籠公投」，後來經過朝野繼續不斷協商，終於修正到大家都滿意的程度。但是，在二〇一八年公投結果重挫執政黨之後，政府就決定憑著國會多數強行表決，在短短一個月的時間裡，以公民投票可能造成選務負擔為理由，硬生生將公投與選舉脫鉤，並且把公投日期規定到整年天氣最炎熱、不太有人出門投票的八月底單獨舉行。更過分的是，新修正案規定公投每兩年才可以舉辦一次，從此人民再也沒有機會以公投及時表達他們對公共政策的立場。此一修法通過後，民間各界強烈批評為「鐵籠公投」，比過去的「鳥籠公投」更過分，毫無疑問是大開民主倒車。然而，蔡政府為了避免二〇二〇年總統大選再度慘敗，對此打壓民主作為悶聲不響，對輿論的抨擊也置之不理。

如果上述種種違反民主的作為發生在一九八〇年代、九〇年代，相信所有關心公共事務的公民團體都會大聲撻伐，但是為什麼現在這些事情發生了，所謂的「進步公民團體」卻顯得如此沉默？

我在這裡要非常痛心的指出，許多過去打著捍衛臺灣民主、爭取言論自由的所謂「公民團體」跟「本土社團」，其實都是一面倒向民進黨的外圍組織。他們在國民黨執政時，對政府所有施政都拿著放大鏡檢視，常常不分青紅皂白猛烈批判，三兩天就是記者會、三兩個禮拜就上街遊行，甚至鼓動群眾癱瘓大眾交通運輸、占領政府機關。他們喊出的口號包括「言論自由」、「守護民主」、「反對黑箱」、「捍衛主權」等等，把自己的立場包裝成「進步價值」，一心一意要拉倒執政的國民黨政府。但是，在蔡政府二〇一六年上臺執政後，他們馬上轉變態度，跟政府勾結在一起。當蔡政府不斷做出傷害民主的事情時，他們刻意視而不見、聽而不聞。對勞基法蠻橫修正，他們不提「反對黑箱」或「社會正義」；對政府透過通傳會打擊不利自己的新聞，他們不提「言論自由」；對綠營金主大肆擴張媒體版圖及操控輿論，他們不提「產媒分離」；對執政黨動用一切力量封殺臺大合法選出的校長，他們不提「大學自治、學術自主」；而對於蔡政府蠻橫沒收人民的公投權利，他們更不提「捍衛民主」或「落實公投」。他們過去所標榜的「公正性」、「中立性」證明都是假的，而他們所謂「民主的堅持」、「民主的防衛」，也全都是掩飾蔡政府種種威權行徑的藉口！

臺灣民主就在這種弔詭的情況下，由華人世界的典範一步一步變成大家懷疑、憂心、甚至反感的制度。在四十年間，我們彷彿見證了臺灣民主的興起，也目睹著臺灣民主走向衰頹。

結語

雖然我們對近年來臺灣民主倒退的現象感到憂慮，但是我們沒有放棄追求民主的理由。雖然我們對蔡政府及虛偽的「進步公民團體」感到痛心，但是我們仍然相信廣大的臺灣人民之中，真正信仰民主的有識之士不會選擇沉默。因此，長風基金會跟馬英九基金會討論之後，決定在這個姑息氛圍瀰漫的時刻挺身而出，呼籲大家正視蔡政府傷害臺灣民主的惡行，並積極發出正義的批判，讓人民清楚下次選舉時要如何以選票教訓這個漠視民主法治的政府。

這次研討會的名稱定為「臺灣與民主的距離」，用意就是請大家仔細思考，如果我們不為理想的民主奮鬥，我們離惡質的民主有多遠？如果放任政府繼續為非作歹，臺灣距離民主崩壞究竟又有多遠？

這次研討會所邀請的學者專家，都是社會各界一時之選。他們從來不畏權勢，也從來不改變監督政府的立場。他們發出的肺腑之言，點出了政府濫權造成臺灣民主倒退的關鍵所在，鼓舞了我們堅定追求民主的決心，更豐富了我們對臺灣未來政治願景的想像，個人謹在此表達由衷的敬意與謝忱。長風基金會與馬英九基金會的同仁與志工，不眠不休地準備這場盛會；聯經出版公司積極支持本書的出版，以最快的速度讓本書得以問世，都是我們要再度感謝的。希望臺灣的民主，因為大家的努力而峰迴路轉、再放光芒！

三十三年夢，民主——向後・打轉

夏珍（《風傳媒》總主筆）

非常榮幸能在此報告我一點記者生涯的小小心得。

我是在解嚴那年入行，「三十三年夢」這個題目不是我的，而是作家朱天心一本小說的書名，會選用這個題目很重要的一個原因，因為朱天心是「參政感」很強的一位作家，除了文學創作，她曾經投入過前立委朱高正創立的（中華）社民黨，這本小說完整敘述了她的心境；選用這個題目，也是破題的用意：民主政治的一個基本概念就是政黨政治，但解嚴開放政黨後，「第三勢力」這件事從沒從民眾腦袋中斷念過，這表示，兩黨我們都不喜歡，早在三十多年前政治開放就開始了，我們的民主反覆打轉，與兩黨脫不了關係。

幾個指標說明「民主」就在我們腳邊

為什麼兩黨都不被我們同意，到底發生了什麼事？剛才馬前總統對蔡政府反民主的諸多作為談了不少，我們到底距離「民主」有多遠？我的答案是：並不遠，就在我們腳邊。

第一，不要忘了，一百八十天之後，我們很有機會迎來第四次政黨輪替，怎麼可能說臺灣沒有民主呢？當然有！

其次，開放三十多年，不論什麼黨執政，集會遊行從沒中斷過，抗爭的陣容愈來愈大，情緒愈來愈高昂，甚至辦得像嘉年華，怎麼說沒民主呢？

其三，以我自己為例，三十三年來我寫的評論文章，批評朝野政客無數，包括馬前總統，我們還能持續寫文章批評總統，包括蔡英文，這是民主最重要的元素之一：言論自由。

第四，我們還有公投，不論是從鳥籠公投變成鐵籠公投，但終究保留了直接民權的形式。只要有毅力肯堅持，二〇二一年八月，還是可以就我們關切的議題連署並發動公投。

作為民主指標，民選總統卻讓選民傷心

但為什麼我們會覺得民主倒退？為什麼會覺得這麼悶？首先，也最重要的，選舉變得不開心了。以前的選舉叫「民主的里程碑」，從我進入中國時報，寫第一篇特稿開始，最常用的詞就是「里程碑」，每一次大小選舉不論是中央或地方選舉，收尾結論總來這麼一句：「寫下民主的里程碑」，不論是廢止動員戡亂時期、廢除刑法一百條，廢止動員戡亂國安惡法……，從解嚴到開放組黨，每一個時刻都像是「歷史，迎面而來」，我們則紀錄下這些歷史時刻。數一數我筆下的里程碑全聚在一起，可以開一座墓園。

我們經歷過那樣令人興奮的年代，比方說，第一位民選總統李登輝是第一位臺灣人總統；陳水扁是第一位具有政黨輪替意義的總統；政黨再輪替，馬英九先生是第一位「外省人總統」，走出族群曾經嚴重對立的年代，如今沒有人分本外省，蔡英文總統就職時曾說，沒有人要為自己的認同道歉，其實不須她宣告，自馬總統當選那一刻，我們就已經做到了；接下來的蔡英文是第一位女性總統，這在全球都是數一數二的成就。

民選總統就是民主成就的具體指標，結果呢？李登輝卸任時，他的時代被冠以「黑金」，陳水扁更慘，沒有人能相信總統會貪汙成這樣；馬先生八年卸任無可批評，却被

冠以「無能」之名，除了太陽花學運很重要的原因，是國民黨人或藍營支持者無法接受政權得而復失，但就這點而言，我必須說，我們的選民對「政黨輪替」是民主常態這件事，顯然缺乏足夠的心理素質；而蔡英文總統就任不用等三年，才三個月所作所為就讓人頭痛。

民主打轉是否與民意無法成熟面對政黨輪替有關？想像一下，如果第一次政黨輪替，國民黨支持者沒有強烈抗議，逼辭李登輝（黨主席），讓李登輝緩進帶領國民黨渡過輪替之傷，會不會對立緩和一些？另一方面，陳水扁貪汙嚴重，讓民進黨失去政權事屬必然，但是否正因為曾經得到又曾經失去，所以讓民進黨第二次執政的所作所為都如此驚人地違背法理合度的範圍？以至於三十三年，我們的民主就在前進倒退中反覆打轉。

繞行一圈，打轉的何止民主？

人無完人，總統八年必然有可被批評之處，除了民選總統讓我們傷心，或許更該想想我們的民主到底要走什麼路？三十三年來打轉的不只是政治，比方說，年輕人起薪二十二K，是「世代正義」的根源，我三十三年前入行起薪不多不少就是二十二K；再談

「居住正義」，三十年前的「無殼蝸牛運動」占領忠孝東路，三十年過去，買房依舊是年輕人的大問題。

核四，更是典型反覆打轉的經典案例。這個重大建設自蔣經國時代規畫，李登輝時代為了核四預算在國會年年衝突，打了兩次終於用「特別預算案」的方式解決爭議，誰能想到陳水扁上臺竟會停建核四？好不容易大法官釋憲，讓核四復建，又怎麼可能想像到，在馬英九時代，因為林義雄的靜坐，核四竟被「封存」了！這表示臺灣的重大政策，已經碰到尋常決策程序——僅憑行政立法不能延續的困擾。江（宜樺）前院長在封存核四前半年，提出「核四公投」，訴諸直接民權以解決這個爭議，很遺憾的，國民黨立委全無意識到核四必須公投，沒人理他，直到林義雄一靜坐，核四就毀了，此刻核四（公投）又來了，某種程度只能說是「共業」。

從核四看公投；公投也是反覆打轉。公投是民進黨要的，國民黨並不想要，美國更是防衛，不知道臺灣公投會鬧成什麼樣，當年從入聯公投、返聯公投到飛彈公投，都在打「統獨公投」的擦邊球，當年，在鳥籠公投的設計下，沒有一個公投能過，大家概念中認為公投很困難，沒人理，不會過，沒想到去年九合一選舉綁十項公投，站在執政黨政府對立面的公投全過關，但是公投過了，執政者落實嗎？沒有，公投失去了存在的意義，但因此公投法竟被執政者修成鐵籠公投，想像一下，國民黨如果重返執政，國民黨會翻回原樣嗎？我認為不一定，這就是為什麼兩黨不被人民信賴。

立法、監察、司法全崩壞，獨立機關不再獨立

這三年來，為什麼大家這麼悶，而且不可能發生的事全發生？這是個巨大的問題。民進黨是執政過的，而且，民進黨法律人比國民黨更多，政黨政治難免政黨競爭，可怕的是，政黨惡性競爭（鬥爭）全面深入各個領域。

從立法權而言，當年的兩黨曾經在立法院聯手施壓推動國會全面改選，但凡對行政院所提政策有不同意見，立法院還是可以制衡行政權，經過三次政黨輪替，立法院成了行政院的立法局，不論哪一黨執政，該黨立委就只能是行政院的護航部隊，差別只在國民黨的多數護航部隊不夠剽悍，不像民進黨蔡政府的國會多數迅猛有力，只管通過法案不問法案是否合乎憲政原則。

職司整飭官箴的監察院也報廢了，監察院曾經在陳水扁時代空轉過四年，意思是這

個獨步全球的監察院設計，可有可無，難得蔡英文總統願意提名監委維繫這個憲政機關，沒想到她提名的監委洋洋得意自許為「英系監委」，甚至形成「黨團運作」，完全違背監委獨立行使職權，其後果是監委彈劾糾舉的作為失去社會公信力，監察權即使存在也形同半報廢。

最可怕的是，司法權也被摧毀了。司法是衡量民主的最低限度的標準，「獨立於政治鬥爭之外的司法」是民主政治的基本元素；蔡政府不依法行政嗎？有啊，箝制你就立一個法，這也是不可思議的事，比方說，清算國民黨就訂一個不當黨產條例，針對國民黨「個案立法」，給予行政機關準司法調查權，認定你是不當黨產就是不當黨產，認定你是附隨組織就是附隨組織。

在不當黨產條例通過前，一切都已經開始鋪陳，比方說，先清算紅十字會，紅十字會怎麼會是國民黨的附隨組織呢？為了維護中華民國紅十字會法，我曾寫了評論呼籲會長王清峰女士退讓，結果法被廢了；接下來連血液基金會民進黨都要，葉金川立刻辭職；接下來有任期制的文化總會，會長劉兆玄也被逼辭；這樣的例子簡直無休無止，最近同樣有任期保障的國家通訊傳播委員會，正副主委竟能被行政院長罵辭，這也是前所未有的事。

民進黨橫掃千軍，忘了三十年民主的努力

不當黨產條例之外，促轉條例同樣賦予行政機關準司法權，民進黨蔡政府忘了他們所作所為是推翻過去三十多年、包括民進黨曾有過的努力。舉例而言，處理不當黨產不是現在的事，三十多年前就有「解構黨國資本主義」，我也支持政黨不該經營營利事業，回溯當年的國民黨劉泰英上任就說要處理黨產的，可惜他把黨產愈處理愈大。蔡英文在美國講民主奇蹟，其實李登輝時代已經創造了「寧靜革命」，在李登輝任內，國民黨已經依法登記為政治團體，地位與民進黨完全相同，都是合法的民主政治團體，與其他政黨地位一致，差別只在當年並未限定政黨不得經營事業，蔡政府無視過去的處理，結果就會發生現在黨產會追繳國民黨賣帝寶或三中案的矛盾，當年是依法律處理（出售），怎麼換黨執政前面的合法就變成非法呢？同樣的不論是婦聯會或救國團，都是在李前總統時代合法登記為人民團體，不論之前如何，從登記開始就和國民黨脫離關係，以「轉型正義」之名，法溯既往，傷害的不只政敵國民黨，還有無辜第三者。

年金改革，又是一個例子，當年大法官曾經解釋十八％不違法律不溯及既往原則，那退休金呢？法律再溯及既往時，我們的最低要求是當法律有疑義和爭議的時候，大法

官給我們一個解釋，但迄今沒有一個說法，大法官處理的唯一一案是國會打一架通過的前瞻預算是否違憲？照最簡單的方式就是國會審查預算屬國會自主自律不受理，結果，大法官一票一票計算立委投票過程，大法官調查立委行使職權後駁回釋憲聲請案，這不是荒唐嗎？一群大法官並無意識自己做了荒唐的事[1]。

此外，「英系監委」恫嚇司法的效應應該是發生了，司法官難免有個人立場，但從來沒有如此明目張膽表露自己的政黨好惡，舉例而言，上週一個三中案起訴，一個洩密案無罪，民進黨竟通過臉書官方發言，要求三中案毋枉毋縱，作為執政黨這不是形同以恐嚇指導辦案？最奇怪的是檢察官發表聲明痛罵法官心證，這表示司法官對自身角色與職權分際不清楚，他們真的不清楚嗎？還是刻意表態？

行政、立法、監院到司法，民主的崩壞近乎全面性的，包括媒體，藍綠紅各自站隊或被貼上標籤，這表示社會各領域的公信力全部壞去，這意味著政黨即使再輪替，相同的架只能再打一遍，臺灣民主就陷入不斷「一二三四，再打一次」的過程。

臺灣該怎麼辦？我特別呼籲朝野必須對話，馬總統任內唯一一次朝野對話是和蘇貞

1　大法官會議在八月二十三日做成年改合憲的三號解釋。

昌（民進黨主席）對話「核四議題」，蔡英文腦筋裡沒有朝野對話這件事，但是，對於國家重大政策、重大爭議都必須對話，尤其是兩岸關係，臺灣有一個其他國家沒有的特殊處境，中國就在我們旁邊，兩岸關係的處理不可能一黨獨斷，包括核四的最終解方，光靠公投還是不夠的。謝謝大家！

轉型正義與民主

轉型正義的真相與標尺

——我們與正義的距離

黃年（《聯合報》副董事長）

今天的主題是「我們與民主的距離」，轉型正義要談的是「我們與正義的距離」。討論轉型正義，必須關注兩大標準：

一、必須呈現史實的真相。問題在於能否呈現真相？會不會反而扭曲了真相？

二、必須重建未來正義的標尺。問題在於能否重建正義？會不會以新的不義置換了舊的不義？

民進黨政府的轉型正義操作，是以處理國民黨威權統治時期的不義為主題。茲以前述兩大標準來評量：

一、呈現真相方面：選擇性地對於史實恣意剪裁、拼接、扭曲，以致未能呈現完整而準確的真相。不完整的真相，不是真相。

二、端正標尺方面：以臺獨意識為詮釋正義的標尺，因此不能建立新的正義。

轉型正義所指的不義主體，是解嚴前國民黨的「黨國體制」。黨國體制的特質是：一、一黨專制。二、專制的政黨與政府間的分化程度低。

此一黨國體制對民主法治多有傷害，確實存有種種不義，必須反省與究責。這是一個進步與正確的思維。

在進一步往下討論前，先建立一個概念，就是：轉型正義事件。

什麼是「轉型正義事件」？對國家社會正義結構發生重大翻轉意義的事件，稱作「轉型正義事件」。這在任何國家社會的歷史過程，都會發生。

舉一個大家都印象鮮明的例子。在中國大陸，文革就是一個「轉型正義事件」，且一般歸類為「負向轉型正義事件」；改革開放也是一個「轉型正義事件」，一般歸類為

「正向轉型正義事件」。

再舉兩個臺灣仍在辯證中的例子。

一、年金改制，蔡政府稱它為「轉型正義事件」。如果將它看成「年金改革」，就是一個「正向轉型正義事件」；如果將它看成違反信賴保護原則的「年金剝奪」，則是一個「負向轉型正義事件」。

二、公投法修正案。這是一個「箭已射出／將靶移開」的政治操作。所以，不只是賴清德參加初選的靶被移開，直接民權公民投票的靶也被移了位置。如果將它看成「公投法修善」，就是一個「正向轉型正義事件」；如果將它看成「公投法修惡」，就是一個「負向轉型正義事件」。

在國民黨的黨國體制時期，也曾經發生諸多強烈對比意義的轉型正義事件，有「負向轉型正義事件」，也有「正向轉型正義事件」。茲舉數例：

一類，稱「負向轉型正義事件」：例如二二八、白色恐怖等等。二二八及白色恐怖皆是「負向轉型正義事件」，這點無可爭議，容後再論。

另一類，暫稱「正向轉型正義事件」，也舉數例，但是有爭議。例如：

一、國共內戰，如果當年蔣介石未選擇臺灣為撤退基地，或如果他與李宗仁一般流亡美國，則臺灣今日必是中華人民共和國的一個省，而臺灣也已經歷了三面紅旗及文化大革命的磨難。蔣氏當年的這個決定，是在黨國體制下做成的，而此一「轉型正義」決定了臺灣自一九四九年迄今的命運。不是蔣介石，我們在場所有的人，都已經過了紅五類、黑五類的年代。

不過，也有不同的看法。認為一九四九年是「外來政權」入據臺灣的開端。不是恩典，而是災禍。所以，是一個「負向轉型正義事件」。

二、一九四九年開始的土地改革，使佃農占百分之七十的日據臺灣農業，轉變為自耕農占八十%。這在臺灣的經濟及社會面向上，皆是重大的轉型正義，也是發生在黨國體制下。

當然，也有不同的看法。認為土地改革破壞了日據幾個世代的民間的階級正義與經濟正義，所以是一個「負向轉型正義事件」。

三、解嚴。一九八七年的解嚴，尤是黨國體制主導的最重要的轉型正義。這使得一黨專制轉為政黨政治；也使得兩岸的全面敵對，出現了和平競合的可能性。這也有不同的看法，認為解嚴是臺灣民間民主運動的勝利，黨國體制處於被動地位，不是正向的角色。

四、黨國體制在保衛臺灣方面更多表現。例如，今年是《臺灣關係法》四十週年，民進黨政府大力稱頌此法是國安基石，而此法也出自黨國體制的努力爭取。但也有人認為，這只是黨國體制對前三十年外交政策失敗的彌補。

五、除此，八二三砲戰、九年國教、十大建設、四小龍之首、分期付款式的民主進階等等，這些皆具轉型正義的意義，也都發生在黨國體制下。

但是，例如也有人認為，八二三砲戰只是國共內戰而已，與臺灣人民無關。

不過，一碼歸一碼。不能因「正向轉型正義事件」，而否定了「負向轉型正義」的必須反省與究責。然而，也不能因二二八、白色恐怖等「負向轉型事件」，而抹去解嚴等「正向轉型事件」的意義。亦即，就前述「呈現真相」的標準來說，應當回復黨國體制在「負向／正向」表現的公正比例。因為，不完整的真相，不是真相。

因此，若將國民黨往昔的威權治理，與德國納粹或南非的白人統治歸為一類，恐失公允。因為，那不是完整的真相。

再談「負向轉型正義事件」。先說二二八。

二二八事件，發生在國民黨政府剛經歷抗日戰爭的「慘勝」、又正進入國共內戰的「慘敗」之際。二二八的主因，是當年政府的失政。但是，國共內戰因素，如謝雪紅等，及皇民、臺籍日本兵在事件中的角色，皆是二二八真相的組成部分。因為，就某個意義上來說，二二八事件存有國共內戰及日本太平洋戰爭的延伸因素。

例如：南投埔里烏牛欄有一座「烏牛欄戰役紀念碑」，是表彰中共黨員謝雪紅等領導的一支「二七部隊」的武力鬥爭事件。而烏牛欄戰役，已被中共視為國共內戰的延伸。當年，北京將「二二八」稱為中共與臺灣人民共同抗暴的「二月革命」。前臺中市長民進黨人林佳龍卻稱：「二七部隊的烏牛欄精神就是臺中精神。」

這就涉及了前述的第二個標準，轉型正義的「標尺」是什麼？

假設，在今天的烏牛欄也存在一個有中共背景的武裝組織，林佳龍仍然會說「烏牛欄精神就是臺中精神」嗎？這個武裝組織不是至少也該被稱作「中共代理人」嗎？這是「臺中精神」嗎？

僅以烏牛欄一例來說，二二八的「真相」其實有不同角度，若用有爭議性的標尺來解釋二二八，將如何成就「轉型正義」？

後來，隨著臺灣政治現實的流變，二二八的話語權落到了在土地改革中受到損失的地主後裔（如彭明敏），及皇民及臺籍日本兵後裔（如李登輝、辜寬敏）的手中。於是，今天的「二二八」，加入了「三七五藉二二八復仇」、「皇民藉二二八反撲」的因素，就更加不是當年的「二二八」了。

再談白色恐怖。白色恐怖的「受難者」有四類型：一、冤假錯案，如澎湖七一三事件，張敏之校長等。二、羅織事件，如雷震案。三、臺灣民運事件，如美麗島案。四、所謂「匪諜」案，此為最大宗。這四種類型，就有四種不同的正義標尺。

據李登輝及陳水扁兩屆政府核實公布，白色恐怖受難者總計八千二百九十六人，其中遭死刑者一千零六十一人。中共在北京西山則建有氣象莊嚴的「無名英雄廣場」，稱在臺灣白色恐怖遭死刑者的烈士有一千一百人，並公布了八百四十六人的名單。以西山「無名英雄廣場」的白色恐怖「烈士」名單，與李扁政府鐫刻在紀念公園大理石碑上的白色恐怖「受難者」名單比對，二者雷同率在百分之九十左右。中共的「烈士」，在臺灣成了「受難者」。

至此，白色恐怖轉型正義的主體，儼然變質為「洗白匪諜」的政治工程。

這也是另種「烏牛欄標尺」的問題。二二八的「烏牛欄精神」究竟是「中共精神」還是「臺中精神」？白色恐怖應當紀念的是「中共間諜的烈士精神」還是「臺灣的匪諜事件」？這都是標尺的問題。

二二八把謝雪紅與張七郎歸作一類，白色恐怖又把吳石和林義雄歸為一類、朱楓和陳菊歸為一類。這種雞兔同籠的做法，不能呈現真相，不能端正標尺，也當然不能成就轉型正義。

把中共間諜吳石、朱楓，與臺獨運動者林義雄、陳菊置於同一政治門類中，這不但是雞兔同籠，簡直是讓他們相互玷汙。吳石與林義雄是同路人嗎？陳菊與朱楓是同志嗎？中共間諜和臺獨運動者的政治信仰沒有差異嗎？把中共烈士和臺獨人物放在一起，對他們是不是相互汙辱？

所以，要談白色恐怖的轉型正義，至少首先應把臺灣說的匪諜、中共說的烈士、臺獨運動者與冤錯假案的件數與比例，做個分門別類的統計與公布。

後來有了白色恐怖受難者的賠償辦法，於是發生「真正的匪諜該不該賠」的爭議，結果說不該賠。但是，你已經把這些人的名字刻在紀念碑上，並確認他們是「受難者」，但又拒不賠償，這是不是錯亂？是不是自己打臉？

從「呈現真相」及「端正標尺」兩大標準而言，民進黨政府操作的轉型正義，已經十分明顯地走入了一條歧途，那就是：

> 將二二八的不義↓及白色恐怖的不義↓定為蔣介石的不義↓國民黨的不義↓中華民國的不義↓中國的不義↓因此用以證實臺獨思維的正義，用臺獨的標尺來操作轉型正義↓然後，操作去中華民國化↓操作去中國化↓操作臺獨……。

這就是民進黨轉型正義的完整論述。

但是，從二二八的不義，並不能引伸至臺獨思維的正確性。二二八是錯的，這一點沒有爭議。不過，二二八的轉型正義是要省思過去的錯誤，臺獨思維則是要探索臺灣未來的生存戰略。這是兩個不同的題目，不能混為一談。若是因為二二八的不義、因為白色恐怖的不義，所以就主張要臺獨，要去中華民國化，這樣的轉型正義論述會不會文不對題？

因為二二八是錯的，所以臺獨是對的。這不是正確的邏輯。

轉型正義的重中之重在標尺。例如，以臺獨意識為標尺來評價蔣介石，與用中華民國為標尺評價蔣介石，必定會出現差異。現在，一切的問題都出在民進黨是用臺獨意識來操作轉型正義。

但是，就臺灣的正義而言，臺獨自身就是「終究必須被轉型的正義」，如何能用它來評價臺灣的正義？

如此這般的轉型正義，與正義的距離，當然是漸行漸遠。

異哉，所謂防衛性民主

——動員戡亂時期的鄉愁

廖元豪（國立政治大學法學院副教授）

臺灣已經解除戒嚴超過三十年，終止「動員戡亂」時期也已經二十八年。一九九一年開始，陸續在中華民國臺灣地區舉行國民大會（一九九一）、立法院（一九九二），以及總統（一九九六）的全民直選。報禁黨禁早已解除，懲治叛亂條例的廢止，以及刑法一百條之修正，使得箝制人民言論思想的惡法走入歷史。小團體與大型政治勢力經常走上街頭示威抗議，人民在網路與各地嚴詞批評政府與公務員，更是司空見慣。作為一個臺灣人，必然習慣這種民主自由的空氣。來自大陸港澳地區的人民，甚至外國朋友，到了臺灣也絕不會懷疑，這是華人民主自由最成功的地區。我們，早已走出「動員戡亂」：那個由威權統治者，宣稱由於對岸敵人謀我日亟，所以憲法保障的人民權利必須大幅受限（尤其是言論與政治自由）的時代，已經隨風而逝，臺灣再也不會有這種「因恐共而鎮壓言論」的土壤了。

可悲的是，近年來，執政黨卻似對那「動員戡亂時期」有著抹不去的鄉愁。在政治口號上與法令政策上，都不斷地拿「中共好大，我好怕」當作藉口，推動各類打擊政敵，箝制異見的措施。這套做法說法，都簡直與四十年前戒嚴時代的國民黨一模一樣。對於從當年走過來的人，相信會覺得很熟悉又超違和。

先從直接壓制「不受歡迎的言論」，來看看下列的例子，

- 去年，姚文智與陳師孟都主張，應處罰懸掛五星旗的人。幸好法務部把關，守住憲法的底線，堅持這是言論自由的範圍。
- 四月初，陸委會主委陳明通表示，凌友詩在公開場合說中華人民共和國是中國的唯一合法政府，十年內要統治臺灣，這「顯然是叛國罪」，希望能積極推動修法，加以處罰。
- 在「言論自由日」的當天，蔡總統沒有讚許「百分之百的言論自由」，而是嚴厲抨擊「收購臉書粉絲專頁、或金錢利誘培養特定主張網紅的宣傳」。總統府祕書長陳菊說，絕不能讓言論自由被濫用。行政院院長蘇貞昌則說了這段矛盾的話：

「臺灣面臨敵國假資訊、假訊息、收買言論的超限戰，政府會加緊腳步，為捍衛自由講話的權利而努力」。他們一面說言論自由好偉大，但同時擺出一副傲慢的模樣，儼然認為現在批評他們的言論都是假的、買的。

- 四月十二日，主張武統但二〇一六年曾與民進黨人士誠懇長談的李毅，遭政府驅逐出境。蘇貞昌說「恐怖分子驅逐出境剛好而已」，蔡英文則表示武統言論已經危害臺灣國家安全。當時，李毅尚未進行任何「與許可目的不符」之演講，可見驅逐出境的原因純粹是基於李毅「從前」的「主張」。

這些（被警告或鎮壓的）言論，有幾個共同特徵：

一、政治上不受歡迎的主張。（但，言論自由不就是要保障「不受歡迎之言論」嗎？）

二、只有主張，沒有具體行動。（所以，真的只是「嘴炮」而已啊）

三、言論並無明顯而立即之危險。（沒有直接危險，憑什麼動手管制？）

筆者與臺灣大多數人一樣，都不樂意五星旗在臺灣街頭公然出現，也不喜歡（甚至厭惡）凌友詩和李毅的主張。未經查證的各種假新聞假訊息（有些是幫著中共，但扭曲資訊而咒罵中國大陸的也不在少數），無論出於政府或境外勢力，人們實在受不了。但，值得用法律去處罰嗎？

更嚴重的，是民進黨政府挾其在立法院的絕對優勢，先是通過了「國安五法」，其主要內容為——

- 刑法部分條文：「大陸地區、香港、澳門、境外敵對勢力或其派遣之人」適用「外患罪」。（憲法明明不把「大陸地區」當「外國」啊）
- 國家機密保護法部分條文：涉密人員管制期間不得縮短——且立即延長前任正副總統之出境管制期間。（卸任總統出國有這麼可怕嗎？現在有什麼訊息、機密，必須要透過出國才能夠傳遞嗎？）
- 國家安全法部分條文：把規範對象擴張到一切（難以定義的）「境外敵對勢力」，且只要「資助」這些組織，均可被關七年以上重罰一億；退休軍公教人員若觸犯此等行為，剝奪其全部終身月退俸，甚至網路空間行為也納入規範。（如果我搞不清楚那個組織是境外敵對勢力，又曾經捐款或購買，會不會就入罪？網路空間本來就受規範，特別入法是要嚇人嗎？）

- 兩岸人民關係條例增訂第五條之三條文：兩岸政治協議國會人民雙審議（以後要簽兩岸協議，比修憲還難）
- 兩岸人民關係條例部分條文：退將、卸任政務官不得參加大陸地區黨政軍或具政治性機關舉辦的慶典或活動，且不得有向象徵中共政權的旗徽歌行禮、唱頌等「妨害國家尊嚴」之行為；違者，如情節重大，可剝奪月退俸、領一次退者最高處一千萬元罰鍰（退休者不能有政治態度之自由？參加對岸的儀式，行禮唱歌對國家安全有何具體危害？）

更可怕的，是民進黨黨團提出的兩岸條例修正草案，要處罰所謂「中共代理人」與「妨害國安之政治宣傳」。

什麼是「中共代理人」條款呢？請看：

「臺灣地區人民、法人、團體或其他機構不得為大陸地區黨務、軍事、行政、具政治性機關（構）、團體或涉及對臺政治工作、影響國家安全或利益之機關（構）、團體或其派遣人之代理人，危害國家安全或社會安定。」

這個條文充滿了模糊空間：「大陸地區黨務、軍事、行政、具政治性機關」或許還可以認定，但「影響國家安全或利益之機關（構）、團體」的範圍可就極度廣泛，難以清楚地界定內涵。更何況，什麼是「代理人」？難道一定要符合民法有關「代理」的規定，或是要簽訂委任契約？如果是這樣，那就很無聊，根本管不到真正的共諜。試想，間諜，會簽訂明確的契約嗎？但如不以書面為準，也不以明確的組織為標準，那將來勢必會給主管機關無邊無際的裁量權──我說你是中共代理人，你就是中共代理人！

更可怕的「政治宣傳罪」，在草案裡則是如此規定：

「臺灣地區人民、法人、團體或其他機構不得有下列行為：

一、與大陸地區黨務、軍事、行政、具政治性機關（構）、團體或涉及對臺政治工作、影響國家安全或利益之機關（構）、團體或其代理人從事危害國家安全之政治宣傳，或接受其指示或委託而為之。

二、出席或參加大陸地區黨務、軍事、行政、具政治性機關（構）、團體或涉及對臺政治工作、影響國家安全或利益之機關（構）、團體或其代理人舉辦或與其共同舉辦之會議，發表危害國家安全之決議、共同聲明或相應聲明。」

除了何謂「影響國家安全或利益」的組織，定義同樣模糊之外，懲罰「從事危害國家安全之政治宣傳」以及「發表危害國家安全之決議、共同聲明或相應聲明」，更是不折不扣，針對政治言論「內容」而為的違憲管制。司法院大法官釋字四四五、六四四號解釋，都明確表明，政府法令不得針對「政治上言論之內容而為審查」。單純的政治宣傳如何「危害國家安全」？大聲支持一國兩制的政黨、政治人物，在臺灣有多少號召力？我們這麼害怕人民的主張嗎？為什麼對言論自由、民主體制這麼沒有自信？

說來弔詭，這個拚命鎮壓「不受歡迎言論」的民進黨，當年在國民黨威權統治，以及解嚴初期，成天喊著「我反對你說的話，但我誓死維護你說話的權利」。並且用這些言論自由的金科玉律，去教訓那成天緊張兮兮，聽到「中共」、「獨立」就如驚弓之鳥的國民黨。經歷過解嚴初期的人都會記得，在「臺獨」還是眾矢之的，人人喊打的時候，民進黨諸君總是說「我們反對臺獨，但我們要保障主張臺獨的權利」。相反的，國民黨在戒嚴時期總是恐嚇著人民「匪諜就在你身邊」，把所有提出異見的人都說成叛國「三合一敵人」。而且用這種「恐共症」來繼續戒嚴、反對開放、禁止組黨，壓抑各類的批評。沒想到三十年後，風水輪流轉，民進黨拿了國民黨當年的論述與做法，重現威權，同時卻還指摘國民黨當年搞威權。搞得連民運人士王希哲都得自清「我不是武統」，多麼可悲。

解嚴之後，著名的「廢除刑法一百條」運動中，臺灣人民發現「懲治叛亂條例」、「刑法內亂罪」的規定，構成要件過於模糊，於是在街頭、校園、臺北車站的靜坐與辯論，改變了當時的規定。然而，那些當年我們眼中侵犯言論自由的「惡法」，與現在民進黨政府修法方向何其相像。看看「懲治叛亂條例」的兩個條文：

「第六條：散佈謠言或傳播不實之消息，足以妨害治安或搖動人心者，處無期徒刑或七年以上有期徒刑。

第七條：以文字、圖書、演說，為有利於叛徒之宣傳者，處七年以上有期徒刑。」

這兩個條文，其實還比民進黨團的「兩岸條例修法草案」要更具體一點。但當年的臺灣人，在憤怒中要求政府廢止這種規定。於是立法院從善如流，廢止了。

再看看當年被指控為惡法，理應完全廢止的「刑法一百條」是怎樣規定的：「意圖破壞國體，竊據國土，或以非法之方法變更國憲，顛覆政府，而著手實行者，處七年以上有期徒刑；首謀者，處無期徒刑。」這樣的條文，當初被嚴厲抨擊「沒有『行為』構成要件」，只要不良的「意圖」，加上「任何行為」，都可以被指控為是「著手實行」。這就是為何當時「獨立臺灣會」單純作為一個讀書會與小眾和平宣導的團體，都會遭到逮捕。已故的刑法學者林山田教授，為了廢止這個條文而發起「廢除刑法一百條運動」。現在在監察院成天威嚇司法人員的監委陳師孟先生，也是這個運動的領頭大將。他們主張，「終止和平內亂罪」。也就是說，只要是「和平倡議」，就算是要改變國體、變更國土、重新制憲……都是受憲法保護的。

筆者記憶猶新，當年林山田教授慷慨激昂地說這個條文是純粹處罰「意圖」。而在課堂上，我的恩師林子儀教授更指出，這個規定不僅侵犯了言論自由，更完全不合民主原則——民主，就是人民可以用和平、說服的方式改變政體。在這些民主前輩的帶領下，筆者也走上街頭、靜坐於軍警重重包圍的臺北車站。那時，多少前輩與同儕，對民主抱持了無比熱情。最後看到刑法一百條被修正，加上了「強暴脅迫」的要件，「和平內亂罪」正式終止！

憶起當年，臺灣民主是怎樣前進的，筆者心中至今仍有難以忘懷的悸動。對於「那些年」臺灣人民對民主所抱持的理想，依然蕩氣迴腸，不能自已。走過那段路，我們再也不該輕信，單純的宣傳、口號、言論，就可以毀掉臺灣。如果「和平內亂罪」不該存在，那「和平統一」、「和平為匪宣傳」、「和平主張一國兩制」的主張，難道就該入罪？想制定這些法律的民進黨，是不是在打當年先賢們的臉？

威權時期與剛剛解嚴時的國民黨，總是拿「共匪」來恐嚇臺灣人，也貶低民主的價值——他們認為民主擋不住中共，人民的理智抵不過對岸的宣傳。但他們被臺灣人民教育了，也改變了。只是我們萬萬沒想到，動員戡亂時期都結束了這麼久，民進黨居然拿著當年被他們自己唾棄的「中共恐怖論」來鎮壓異議者。金庸在《笑傲江湖》裡有句話：「氣宗的徒兒劍法高，劍宗的師叔內力強，這到底怎麼搞的？華山派的氣宗、劍宗，這可不是顛倒來玩了麼？」如今，民進黨與國民黨角色互調，不也是「顛倒來玩了麼？」某些綠營支持者，簡直是要回到戒嚴一般。辛苦三十多年，一夕回到解嚴前？動員戡亂的恐共情節，真的這麼讓人難忘？

會認為要動用法律來處罰這些觀點、言論、主張的人，或是對民主、法治、自由毫無信心，把人民當草包，自己為政府可以幫人民決定是非對錯；要嘛就是沒有民主的素養，順我者昌逆我者亡，一心想鎮壓「我們所痛恨的觀點」。對照當年的鄭南榕，總是說著不受歡迎的話語（即使是當年的民進黨諸君，在「臺獨」主張上可遠不如鄭南榕來得坦白而激進），今日的民進黨總是鎮壓不受歡迎的言論，配拿鄭南榕當榜樣嗎？

Wendell Phillips 有句名言「自由的代價是永恆的儆醒」值得我們深思：儆醒什麼？不是成天當警察去抓別人，如麥卡錫那樣指控大家討厭的人，而是要警覺「我自己喜歡的那一方」「讓我爽的政治力量」有沒有問題。「我們」是不是即將變成從前反對過的那種人。

這，才叫做儆醒。少了這個儆醒，我們與動員戡亂時期的距離，也只有一步之遙。

個案立法

——臺灣與民主的距離的法治標尺

李念祖（東吳大學法學院兼任教授）

民國三十四年八月十五日，是日本戰敗向同盟國無條件投降的日子；也是臺灣成為中華民國光復區，改變了命運的日子。

當時的中華民國，是一個處於制憲前夕的共和國。兩個月又十天之後，中華民國政府於十月二十五日在臺灣受降；再一年又兩個月後，即民國三十五年十二月十五日，中華民國制憲完成，開始行憲，距離宣統三年十二月二十五日（農曆）發布之清帝遜位詔書，約已三十五年。自帝制而共和國的里程，從此正式邁入民主共和國。在憲政制度上，臺灣開始走向民主。

臺灣接著於民國三十八年五月中實施戒嚴，走向民主的腳步轉趨遲緩。再過三十八年之後，於民國七十六年七月十五日解嚴。民主共和國重新邁向民主。自是直到民國一〇五年之間，經過了三次政黨輪替，臺灣與民主，似乎處於無縫接軌的狀態。

然而，今天再來檢視臺灣與民主的距離，值得使用憲政憑以控制政府權力的法治量尺。當民國一〇五年八月立法院通過、總統公布政黨及其附隨組織不當黨產處理條例之後，其中出現了個案立法的問題，正是檢視臺灣與民主之間距離，恰當的法治量尺。

個案立法，權力分立制度的ＡＢＣ，對於當代熟悉民主法治的人們而言，或許是個古老而又陌生的概念。

什麼是個案立法？如果要用一個最簡單易懂的方式加以描述，它可以說是「在議會也就是立法機關通過的，載有個人姓名並針對個人規範制裁的立法」。六法全書的萬千法條之中，其實看不到任何自然人的名字。也就是說，個案立法在臺灣好像並不存在，這當然是件好事。試想，如果立法院可以直接針對個人指名道姓地通過法律加以規範或是施以制裁，豈不令人不寒而慄？

為什麼不能有個案立法？因為從世界上出現成文憲法的第一天起，個案立法就是違憲的法律。這原是一個容易做到的規則；久而久之，原始的禁忌似已不待言傳地普遍融入世界各地的立法實踐之中。不過，如果有一天人們忘了這項禁忌，仍將極其危險。

較為晚近禁止個案立法的規定，寫在德國基本法第十九條第一項：「凡基本權利依基本法規定得以法律限制者，該法律應具有一般性，且不得僅適用特定事件……。」其中「特定事件」使用的Einzelfall一字，解作個案，也就是特定人的案件，應無不同；就是禁止個案立法的一例。

個案立法的禁忌，雖然淵源甚古，但也還不能形容為我國憲法學上的常識；大法官在數則憲法解釋（包括釋三九二、五二〇、五八五）中提到的「措施性法律」，或許是概念上最為接近的說法。我國憲法之中並無類似德國基本法的明文規定，而立法者的行為，卻已驗證了法律不得針對個人進行規範或制裁的禁忌確實存在。

這種現象，在憲法學法理上至少有兩個途徑加以解釋。

一種解釋，是以為立法者只能制定面向未來、適用於不特定人的一般性（通案性）抽象規範，而非基於過去已經發生的既有事實、針對特定或可得特定之人適用的個案規範，乃是內在於立法權，當然的、固有的憲法定義，不待憲法明文即已存在。

另一種可能的解釋，則是以為立法院不能將個人的姓名載入法律，從而直接針對個人發生規範或制裁效力，是行憲以來，立法委員們在行動上人人以之為法而反覆加以實踐，自主地受其拘束，業已構成一項憲法習慣法，不容違反（釋四一九參照）。

然而，仍然值得追問，為什麼個案立法會形成憲法禁忌，以至於構成立法權的固有定義，且足以形成人人在行動上以之為法而反覆實踐不渝的憲法慣例呢？這就必須上溯個案立法成為憲政重大禁忌的歷史淵源，才能明白其中道理。

早於德國基本法一百六十年的美國聯邦憲法，是三權分立制度的濫觴，也首開明文禁止國會及州議會制定個案立法的先河。美國聯邦憲法第一條第九、第十兩項，明文禁止國會及各州通過bill of attainder以及ex post facto law，後者就是溯及既往的立法，前者則是源自英國的一種立法形態，至今沒有約定俗成的中文翻譯。必須了解英國的bill of attainder，才能得其正鵠。

英國的bill of attainder是國會發明的一種特殊制裁方式，常常用來對付政敵，例如出現在一七九八年的bill of attainder，其制裁的目標是Edward Fitzgerald爵士（一七六三—一七九八）。英國在一八七〇年以沒收法（Forfeiture Act）規定觸犯叛國罪者不再沒收其財產後，當代已不復見bill of attainder。邱吉爾首相在二戰末期有意由國會通過bill of attainder不經司法審判即治希特勒及納粹黨人之罪以給予制裁，終因爭議過大而作罷，而為紐倫堡審判所取代。

美國則是在一七八九年制憲時，即明文加以禁止。一說，此舉源自英國國會曾經針對美國開國元勛之一湯馬士・傑佛遜（Thomas Jefferson, 1743-1826），通過一個bill of attainder。成文憲法設此禁令，意思是即使如希特勒者，也不能用國會立法不經公平司法審判即予定罪。

Bill of attainder盛行於中世紀及文藝復興時期的英國，英王透過議會使用bill of attainder來對付特定的貴族政敵，其方法包括點名宣告其等為反叛者，形成終身的汙名（attainted），附隨的制裁可能包括處決、抄家、剝奪名銜、禁止財產繼承等等。其特徵，就是國會使用其立法權，點名而且不經司法審判即逕行制裁特定的政敵。對於奉行國會主權（parliamentary sovereignty）的英國而言，這似乎沒有什麼不可以。但是，對於不能接受英國統治而獨立的美國而言，無限大的國會權力，正是暴政的淵藪，以成文憲法寫下權力分立制度，讓權力的野心對抗權力的野心，以制衡防止濫權，才是王道。

若將bill of attainder翻譯成「個案定罪立法」或是「個案羅織立法」，比較接近。

為每一個權力部門劃定界限範圍，本是權力分立的要津。立法者是權力分立的始點，代表人民行使立法權，但是只能制定抽象的、通案的規範，對於未來發生的事務拘束不特定的人。立法部門甚至不負責執法，那是行政部門的權力。

行政權負責依法行政，依立法院制定的母法訂定子法，發布行政命令，作為細部抽象規範，不能逾越母法授權；並依據抽象規範針對特定的對象做成具體的、個案的行政處分，同樣不能逾越母法授權。

不告不理的法院，按照當事人請求而依法審判個案，則是位於權力分立的終端。權力分立，採取流程分工的模式；三權各守畛域分際，不相逾越，乃得成就制衡。

區分立法與司法權，立法者只能制訂抽象的法律規範，另由獨立的法院據之審判具體個案，是權力分立成就制衡以避免專制的核心設計。此在我國五權分立的制度之中，亦無改變。試想，一個機關兼掌立法權與審判權，可以主動宣告某人過去的過錯或罪狀為何，限制剝奪其生命自由財產，也就是不經司法審判就可以把任何人的名字寫入法律加以制裁，會是多恐怖的事？這就是個案羅織立法，也就是立法者侵奪法院審判權的結果。

憲法畫定了立法的界線，國會不得逾越，其實就已否定了英國國會主權的民主絕對論。而美國憲法第一條第九款所以要將 bill of attainder 及 ex post facto law 並列的緣故，就是要徹底禁絕國會為個案立法，不許國會使用立法權審判，或是違反罪刑法定原則；個案立法針對已經發生的事實制裁特定人，不論是否相當於英國史上的 bill of attainder，也一定已經溯及既往。所謂 ex post facto law（溯及既往的法律），如果涉及民事立法，美國憲法同時還有另外一項規定「各州不得立法損害契約義務」（第一條第十款）加以禁止。

我國憲法上的相關規定，雖然未如美國憲法或是德國基本法明確，但是憲法第八條也已含有罪刑法定主義（也就是法不溯及既往原則）與法官保留原則。法官保留原則，是指審判乃是分配及保留給法官的權力，非法院不得審判；林紀東大法官（一九一六—一九九〇）及劉慶瑞教授（一九二三—一九六一）早年都曾以「司法一元主義」名之，不只在於審判權是否應有公法私法二元之區分，而是在於司法審判權不容其他憲法機關侵奪；陳新民大法官則稱之為「司法不可分性」，亦頗傳神。說到底，禁止國會個案立法，也必已在我國憲法第八條法官保留原則（或司法不可分性或司法一元主義）的涵攝之中。

值得注意者，憲法第八條的規定不只限於適用人身自由。譬如不能說生命權不同於人身自由，即可不受法官保留原則保障！大法官曾經解釋施之於祕密通訊自由的強制處分（即監聽）也有法官保留原則的適用（釋六三一）。再如財產權如果概不適用法官保留原則，難道可以不經司法審判就抄家？難道立法院可以立法指名道姓抄任何特定人的家？或是指名道姓徵收任何特定人的財產？又如遷移自由如果概不適用法官保留原則，難道可以不經審判即為軟禁？難道立法院可以立法指名道姓將任何特定人軟禁？

其實，德國基本法第十九條規定不得以個案立法限制基本人權，如不是在禁止一切個案立法，難道是在允許國會制定指名道姓針對特定人適用的法律，也不以之為違反平等原則（法律之前人人平等）？

立法者不得為個案立法的意思，就是立法院不得透過立法程序，通過任何須經法官審判程序才能下達的裁判主文。立法者不但不可以制定只針對特定人或團體適用的法律；即使法律中沒有指名道姓，連可得特定或可得確定也不可以。美國聯邦最高法院曾在U.S. v. Brown（381 U.S. 437, 1965）一案中，重申憲法禁止個案羅織立法，不是只有基於立法時的既有事實課以應報性懲罰的法律，才會構成個案羅織立法；任何立法指名道姓或針對可得確定之個人或團體，侵奪其權利，都是個案羅織立法。該案中一九五九年美國國會制定的勞動立法，規定過去五年中擔任工會管理職務而具有共產黨員身分者，應予制裁，同時命其揭露身分，皆已構成個案羅織立法。因為這樣的法律，已與國會行使司法審判權，無從區別。

回頭來看不當黨產條例，略加剖析，就可清楚知道它是一部不折不扣的個性立法。

首先，其規定為不當黨產是從日本向盟國投降日起計算所取得的財產，至該法制定公布之民國一〇五年間，橫跨超過七十年的漫長歲月，都是立法前的既成事實。對當事人而言，此項法律制裁在行為時完全不可預見。

其次，此法對「政黨」下的定義，則「指於中華民國七十六年七月十五日前成立並依動員戡亂時期人民團體法規定備案者。」七十六年七月十五日是臺灣解嚴日，就是完全只適用在立法之前已成立的政黨，不適用在立法之後成立者；依動員戡亂時期人民團體法規定備案的政黨更十分有限，因為該法自民國七十八年一月二十七日公布施行，至民國八十一年七月二十七日修法摘除動員戡亂時期的帽子，一共只有三年六個月的窄窗。這部法律只將這段窄窗時間內備案的政黨的財產視作不當黨產加課制裁；期前的也不算，期後的也不算，不知道理何在，其針對性至為明顯；其欲制裁的對象如果不是特定對象，至少也是可得確定。其實不論是從立法的過程，或是立法之後的執法作為觀察，就是專以一個政黨，中國國民黨為其加施制裁的對象，路人皆知。

再者，不當黨產條例或許不是針對自然人加施制裁的法律，但它是不折不扣的，針對特定的、合法存在的政黨法人，認定有罪而加施制裁的個案立法。政黨，是受憲法明文保障，享有基本權利的權利主體，此法制裁政黨涉及的基本權利項目甚多，包括結社自由、言論自由、參政權、財政權、平等權，還有正當程序。按照德國基本法的標準，顯然也已構成憲法所不容的個案立法。法院針對特定政黨行使審判權，不能未審先假定有罪，國會就可以嗎？

又者，不當黨產條例或許沒有加設刑事制裁，而是課以行政法上的制裁，但是個案立法不只限於刑事立法。行政法上的處罰或制裁可能比刑罰更嚴重。不當黨產條例的制裁跡同抄家，也將該法所針對的法人團體置於行政機關的高度控制之下，實質箝制結社自由、言論自由的事前審查及強制處分，可能無時無刻不在。其威脅基本權利的範圍、程度與嚴重性，都勝過許多。如果此舉不違憲法要求，贏得選舉的政黨，競相仗恃立法院裡的多數，設計名為行政制裁而非刑事制裁的辦法，對付政敵，臺灣還能撐下幾天的民主？

也不要以為通過不當黨產條例的立法院，看起來好像並沒有行使審判權。國會針對可得特定的對象，宣告其過去取得的財產不當從而加課形同抄家的制裁，正就是侵奪審判權的個案羅織立法。因為針對特定對象過去的作為做出判斷的權力，只能屬於獨立審判的法院，不能屬於只能為通案立法的國會。

專制時代，掌權者同時掌握立法權與審判權，不受制衡，即使表面上有個國會存在，憑藉使受汙名以遂己意的個案立法，就能整治政敵，確保政權無虞。到了號稱為民主的時代，當執政者透過政黨勢力控制立法者侵犯審判權，祭出個案立法對付政敵的時候，就是在消解權力分立與制衡，重回專制。

如果對於不當黨產條例這種為了對付政敵，經由國會多數的絕對優勢，層層包裝卻不折扣的個案立法，已受到不止一個憲法機關質疑其違憲，受理案件的釋憲者，猶自好整以暇，優雅從容地坐而論道，逾匝年於茲，但知議論程序技術孰應受理孰者不應，恍似不識其危其非者，試問，臺灣與民主的距離，到底是近是遠？

轉型正義在臺灣——黨產會&促轉會
——「轉型正義」or「黨同伐異」？

葉慶元（泰鼎法律事務所合夥律師）

前言

蔡英文總統在西元二〇一六年競選期間，多次強調「推動轉型正義」的政見。蔡總統當選就任後，蔡政府先後於二〇一六年八月訂定「政黨及其附隨組織不當取得財產處理條例」，隨即成立「不當黨產處理委員會」；二〇一七年十二月訂定「促進轉型正義條例」，二〇一八年五月成立「促進轉型正義委員會」，步步兌現其政見。然而上述兩個委員會成立後，屢生爭議，輿情譁然的「東廠事件」即是一例。因此本文下擬簡要說明何謂「轉型正義」，並檢討「不當黨產處理委員會」與「促進轉型正義委員會」究係推動轉型正義？抑或係淪為政治追殺的「東廠」？

一、轉型正義概念

轉型正義是指國家民主化後，對於過去威權政府大規模違法侵害人權問題，進行善後處理，包括採取法律手段及非法律的政治、社會、教育等手段，以鞏固民主。威權或極權統治時期，當政者曾經對人民（尤其是異議分子）所施加的種種暴行（如任意逮捕、囚禁、酷刑、殺害、栽贓等），到了民主轉型成功之後，都必須在正義原則下，獲得釋放、平反、道歉、賠償，或司法上的訴究。據「國際轉型正義中心」（International Center for Transitional Justice, ICTJ）觀察各國轉型正義的經驗，具體內容大致可歸納為：真相調查、起訴加害者、賠償受害者、追思與紀念、和解措施、制度改革、人事清查。

轉型正義的處理方式上，有些國家採取起訴、懲罰加害者（甚至包括威權政府的統治者及其同僚）的嚴厲方式；有些國家刻意選擇集體遺忘這段歷史；有些國家則採取類似南非的「真相和解委員會」的中間路線：只揭露真相、卻赦免加害者。本文下擬舉國際間較為著名的德國與南非之轉型正義模式為例，分別簡述國外經驗中轉型正義所採取的手短及政策，以比較、檢驗我國轉型正義的具體作為。

（一）德國模式

兩德統一過程中，針對東德政權不法行為的處理，大略可分為：

一、不法刑事追訴、不法行政作為（或不作為）及職業上之不法限制或剝奪所致損害之填補。

二、對於東德時期政府機關對人民財產的徵收或其他不法措施所致的侵害之處理，以專門法律加以規定。

三、對於東德情治機關所保存資料之處理，通過「東德情治單位資料之保管與處理法」（Stasi-Unterlagen-Gesetz）。

四、透過各種資料的揭露，確定過去部分原東德公務員有密告、偽證或做假資料等行為，因而重行檢視該等公務員的任用資格。

五、成立專家委員會調查與研究，並提出報告。

六、訂定「尚未解決財產處理法」（Gesetz zur Regelung offener Vermögensfragen），針對遭受無償徵收或移轉進入國家財產等類型之損害，以社會可接受之方式而為填補。

七、成立不當黨產審查委員會調查、清算德國共產黨於德國境內與境外的所有財產，並做成報告。隨後該財產移轉到專門設置的公營造物（Treuhandanstalt），該機構並被授權針對東德共產黨的諸多公營事業進行私營化。

（二）南非模式

一九九五年一月南非公布「促進民族團結與和解法（Promotion of National Unity and Reconciliation Act, No.24 of 1995）」，依據該法，由十一至十七名獨立人士組成的「真相及和解委員會（Truth and Reconciliation Commission, TRC）」於同年十一月組成，並由諾貝爾和平獎得主戴思蒙•屠圖（Desmond Tutu）主教擔任主席。

真相調查委員會堅持找出真相，認為唯有找出大規模違反人權的真相，才能避免歷史重演。因而重建悲劇現場、發掘相關文件和史料、建立受害者的口述史料都是真相調查委員會的職責。此外，在加害者完整交代其罪行的條件下，給予法律上的豁免。但赦免的前提是要將真相全部吐漏，以真相換得赦免。雖然正義沒有獲得伸張，至少讓歷史真相得以大白、加害者得以懺悔、受害者得以安慰、後代得以記取教訓；同時更重要的，國家社會得以避免分裂。屠圖主教的名言：「沒有寬恕就沒有未來。」正是真相調查委員會的任務及目的最佳的注解。

二、轉型正義在臺灣

我國轉型正義可說始自一九九五年李登輝總統執政時期，立法院先後訂定二二八事件處理及補償條例及戒嚴時期不當叛亂暨匪諜審判案件補償條例，對當時的政治受難者回復名譽，並對受難者及家屬進行補償。隨後陳水扁總統執政時期於二〇〇七年更名二二八事件處理及「賠」償條例，並出版二二八事件責任歸屬研究報告、頒發恢復名譽證書予受難者。此外，更成立黨產處理專案小組追討不當取得之黨產，並將中正紀念堂更名為臺灣民主紀念館等，都屬陳總統的轉型正義政策。馬英九總統執政時期，總統代表政府向二二八事件及白色恐怖受難者致歉，並設立景美人權文化園區。至此，我國針對轉型正義已陸續完成真相調查、向受難者道歉、回復受難者名譽，針對二二八事件受難者累計賠償金額已逾新臺幣七十二億元；白色恐怖受害者累計賠償金額更達新臺幣一百九十六億元。足見我國轉型正義已有相當成果。

三、蔡英文總統的轉型正義

蔡總統的轉型正義政策，除了延續前人的基礎外，並包含以下措施：

（一）不當黨產處理條例

綜觀不當黨產處理條例之立法，有包含：個案針對性立法、否定時效制度、規範手段不當、倒置舉證責任、違反權力分立、違反法律明確性等違憲之處。唯礙於篇幅，本文擬就「個案針對性立法」、「否定時效制度」、「規範手段不當」三個部分略論如下：

一、個案針對性立法

美國憲法第一條第九項第三款即明確禁止針對特定個人或群體，訂定褫奪民權之法律：「國會禁止通過針對特定個人所設立之褫奪民權或溯及既往之法律（No bill of attainder or ex post facto Law shall be passed）」。美國最高法院在一八六七年之Cummins

v. Missouri案，將「褫奪民權之個案法律（bill of attainder）」定義為：「未經司法審判即課予處罰之立法行為。」在一九四六年之U. S. v. Lovett案，最高法院即明確指出，國會針對三名涉及叛亂活動之公務人員，立法禁止渠等請領薪水，即構成bill of attainder，應屬違憲而無效。在一九六五年之U. S. v. Brown案，最高法院進而強調，不論是具體指名或是透過敘述之方式（by name or by description）而對可得確定之個人或群體（specifically designated persons or groups），透過立法直接加以處罰者，即構成「褫奪民權之個案法律」，應屬違憲而無效。

黨產條例第四條第一款，將該條例適用範圍特定為「民國七十六年七月十五日前成立之政黨」，依據內政部民政司政黨名冊，我國截至二〇一六年七月十八日止，曾依法成立並備案之政黨共三百零二個，扣除已解散或撤銷備案之五個政黨，現存政黨共有兩百九十七個，屬黨產條例第四條第一款規範範圍者僅有中國國民黨等十個政黨。進一步探究黨產條例第五條第一項推定不當取得財產之規定，其係限於一九四五年八月十五日起取得或交付、移轉、登記於受託管理人之財產，且同條第二項推定一九四五年八月十五日起以無償或交易時顯示不相當之價額取得之財產為不當取得財產，經探究我國政黨發展歷史可知，一九四五年時有能力取得財產之政黨僅有國民黨，故系爭條文實質上僅適用於國民黨。又參酌立法者之討論過程，黨產條例明顯係針對國民黨一黨之財產加以清算，與其他政黨無涉。顯見該立法為個案針對性立法，應屬違憲。

二、**否定時效制度**

依據司法院大法官歷來解釋，時效制度不僅與人民權利義務有重大關係，且其目的在於尊重既存之事實狀態，及維持法律秩序之安定，與公益有關，須逕由法律明定。此外時效制度係為公益而設，依取得時效制度取得之財產權應為憲法所保障。

然而黨產條例第三條規定黨產會對於政黨、附隨組織及其受託管理人不當取得財產之處理，除黨產條例另有規定外，不適用其他法律有關權利行使期間之規定。且黨產條例第五條第一項規定政黨、附隨組織自中華民國三十四年八月十五日起取得，或其自中華民國三十四年八月十五日起交付、移轉或登記於受託管理人，並於本條例公布日時尚存在之現有財產，除黨費、政治獻金、競選經費之捐贈、競選費用補助金及其孳息外，推定為不當取得之財產。黨產會有權就距今七十餘年前取得之財產行使職權，完全否定時效制度，顯已違反司法院歷來解釋所宣示憲法保障時效制度之意旨。

三、**規範手段不當**

規範手段是否屬於最小侵害手段，關鍵在於是否存在一個能夠相同有效達成目的，對相對人基本權侵害較小，且未造成不可期待之公益成本負擔之手段存在。倘若符合前開要件之替代手段並無其他客觀上不能之障礙存在，則能採取而不採取，系爭手段自不能免於違反必要原則之指摘。

黨產條例第五條排除不當黨產之範圍為：黨費、政治獻金、競選經費之捐贈、競選費用補助金及其孳息，此一排除範圍顯係針對「政黨」而設。然而此一排除範圍完全無法適用於各種社團（如遭指摘為國民黨附隨組織之婦聯會、救國團）、國民黨捐助成立之各財團法人及公司（如遭指摘為國民黨附隨組織之中廣、中影、中投等公司）。此一規範手段顯未考量各種情形，而有「涵蓋過廣」之情，違反比例原則，應屬違憲。

（二）黨產會

依據黨產條例第十八條第一項、第三項及第二十條第一項規定，黨產會置委員十一人至十三人，任期四年，由行政院院長派（聘）之。且委員中具有同一黨籍者，不得超過委員總額三分之一，單一性別之人數不得少於三分之一。黨產會委員復應超出黨派之外，公正獨立行使職權，不得參與政黨活動。

然而觀察黨產會各委員身分，顧立雄委員曾任民進黨不分區立委、施錦芳委員為前民進黨政務官及屏東市長參選人、羅承宗委員為民進黨智庫政策小組諮詢委員、袁秀慧委員曾擔任民進黨青年部主任、李晏榕委員於辭職後擔任民進黨發言人、連立堅委員辭職後擔任陳其邁高雄市長競選辦公室律師，顯然具有強烈政治色彩，與黨產條例要求的公正、中立相去甚遠。

實務上黨產會之作為，亦有多處違反正當法律程序之處，以黨產會審理「中國廣播股份有限公司案」而舉辦之聽證程序為例，即有預備聽證通知事由與討論事項顯不相符、鑑定人之選定明顯偏頗甚至不具專業知識等違反正當法律程序行為。黨產會針對婦聯會之調查作為，亦顯有違法爭議。黨產會、內政部及婦聯會於二〇一七年十二月二十九日簽立備忘錄，並約定於一個月內依備忘錄意旨，完成行政契約簽署事宜，逼婦聯會捐出百分之九十財產，否則即認定為附隨組織。此外，婦聯會與救國團人事、財務、業務並未受國民黨實質控制，卻遭黨產會指摘為國民黨之附隨組織。更具爭議的是，國民黨取得財產後，加以變價為股份，該財產即歸為中投公司，黨產會卻先沒入國民黨持有之股份，又向國民黨追償特定黨產，再向附隨組織追償特定黨產，形成「一份黨產、三重追償」之荒謬情形。

（三）促進轉型正義條例

依據促轉條例規定，促轉會主要係為彙整威權時期檔案資料並加以開放，否定威權統治之合法性、移除緬懷威權統治者之象徵或改名。針對威權時期刑事案件，尤其是二二八事件及白色恐怖時期案件之有罪判決撤銷。此外，不當取得之黨產應移轉國家所有，其餘政治檔案移轉為國家檔案。

（四）促轉會

然而落實促轉條例的促轉會，成員多具有特定政治色彩，副主委張天欽更自認是「東廠」、「打手」，指控之祕密檔案室實為雜物間等荒謬行徑。究竟是為促進轉型正義，抑或是「黨同伐異」，頗讓人質疑。

結語

綜合前述，自李登輝總統執政時期至馬英九總統執政時期臺灣的轉型正義早已逐步落實。蔡英文總統的轉型正義所組成的促轉會及黨產會成員不具中立性，以各種違反正當程序之手段針對最大的在野黨行使權力，實有礙政黨間的正常競爭。於此情形下，促轉會及黨產會無異是權力鬥爭之打手，實有違轉型正義「和解共生」之初衷。

獨立機關與民主

從獨立機關測度民主赤字

蘇永欽（國立政治大學講座教授）

每當大家對民主的無效率與不負責感到無奈時，第一個想到的就是分權體制，是不是改成內閣制，或者更徹底的總統制會好一點？這樣的討論從民國初年到現在已經超過一個世紀，好像還是找不到共識，只有學者和政客們還在那裡繞圈圈。我的體會卻是，分權體制和其基礎結構的關係，前者對後者反而有更大的依變性，成熟民主國家發展出不同的分權體制其實各有千秋，但新興民主國家各依所好加以複製卻多沒有很好的效果，癥結應該就在基礎結構的脆弱，因此民主體制的改革，與其反覆實驗新的分權方式，實不如先好好檢討強化基礎結構。人們通常會把政黨、選舉和國會歸類於這樣的基礎結構，不那麼直接，但對民主體制同樣影響重大的，則是獨立機關和公民社會（媒體、社團、大學、市場經濟）。本次以臺灣的民主赤字為主題的研討會特別聚焦於後面這兩個領域，在我看來便是了不起的洞見。以下我就簡單談談我國的獨立機關，各有不同的獨立理由，從而保障方式也不盡一致。這個領域在這幾年快速的遭到侵蝕，確實已經達到駭人的程度。

這裡講的獨立機關，指的是與政黨政治隔離，從而獨立於以政黨串聯的政治部門、自主運作的機關。其權力性質不一，組織上即使附屬於行政權，也是以扁平化的結構自外於科層化的行政體系。憲法層次的獨立機關，首先就是憲法第八十條規定「依據法律獨立審判」的法官，解釋上當然包含行使憲法解釋權和審判權的大法官，從釋字第三二五號解釋起，本條的獨立保障與義務也涵蓋了檢察官：「檢察官之偵查與法官之刑事審判，同為國家刑罰權正確行使之重要程序，兩者具有密切關係，除受檢察一體之拘束外，其對外獨立行使職權，亦應同受保障。」司法官的獨立所以重要，在於其為落實法治的必要條件，這層道理早在三個世紀前的理論家如孟德斯鳩就說得很清楚了。法治之不同於人治，就在法律才是最終判斷的依據，如果有專業能力客觀解讀法律的司法官，對於如何「依法」還要受到其他人的影響，法治就變成那些有影響力者之治了。法治當然還不能和民主混為一談，各有其不同的價值，但至少到了現代社會，我們已經無法想像一個沒有法治的民主。

司法院和考試院，則是我國憲法特有的兩個獨立機關，擁有列舉的行政權而與享有「除餘」行政權的行政院並駕齊驅。兩院不僅有狹義的司法行政與考試行政權，還因就主管事項有法律提案權而掌握了維護與發展司法及文官制度的政策主導權，這在其他國家類似機關都極為罕見，其目的就在使這兩個攸關民主、法治穩定發展的部門，不會隨短期政黨政治考量而過度擺盪，從憲法規定兩院決策者都要超出黨派獨立行使職權，即知制憲者在此給予司法與文官最高度制度性保障的用心，其中的司法院，還特別在民國八十六年修改增修條文時，加入了預算獨立的規定，把我國司法與審判的獨立保障推到了最高的水平。最後一個憲法層次的獨立機關則是監察院，把監察院從國會抽出來，同樣要求超出黨派獨立行使職權，是制憲者基於國會彈劾權的重要，以及西方長期的失敗經驗——因為國會的政黨結構使得黨同伐異在所難免，儘管在二十世紀初就有社會學宗師韋伯建議此處應由少數黨召集調查委員會，仍擺脫不了黨爭的思維——才建制的以糾彈為核心職權的機關。

另外還有法律層次的獨立機關，首先要提的就是雖未見於憲法，卻是迄今唯一經大法官從憲法觀點肯認的獨立機關國家通訊傳播委員會：「立法者如將職司通訊傳播監理之通傳會設計為依法獨立行使職權之獨立機關，使其從層級式行政指揮監督體系獨立而出，得以擁有更多依專業自主決定之空間，因有助於摒除上級機關與政黨可能之政治或不當干預，以確保社會多元意見之表達、散布與公共監督目的之達成，自尚可認定與憲法所保障通訊傳播自由之意旨相符。」（釋字第六一三號解釋理由書）。另外一個雖未見於憲法或大法官解釋，但基於憲法保障選舉公平及人民行使創制複決權不受政府干預之旨，應該在組織及運作上高度獨立的就是各級選舉委員會。除此以外，就是那些非基於憲法考量，而在政策上認為排除政府干預，更有利於維護自由而公平的競爭（公平會）、貨幣的穩定（中央銀行）、飛安事故真相的發現（運安會）、追討黨產的公正（黨產會）、轉型正義的實現（促轉會）等。

綜上所述，我國現有的獨立機關可說形式多元，功能各異，大體可分六類，前三者為憲法層次，後三者為法律層次，包括：

一、確保法治原則

二、強化制度保障

三、避免黨同伐異

四、自由多元言論

五、政黨競爭公平

六、排除政府干預

由於獨立的理由不同，規範基礎強弱也不一致，其保障的方法和強度不會完全一樣，甚至組織的方式都會很自然的反映這些差異。但所有這些獨立機關直接或間接的都和民主政治的運作有關，換言之，通過其獨立才可以讓民主政治的運作更為順暢，或使民主政治的流弊得以減輕。民主政治所追求的民意和責任的體現，主要雖可通過政黨競爭和定期選舉來完成，卻也正因如此，一般衡量民主政治的指標主要也放在這裡，但民主政治實踐的經驗又告訴我們，唯有當這些獨立機制都能有效運作時，民主政治才可跳出程序民主或選舉民主的初級階段，從而獨立機關的獨立性如有所減損，對民主都是或大或小的危險。如果是系統性的侵蝕，其嚴重者，甚至可使民主政治在不知不覺中被推到無法折返點之外，轉變為實質的威權體制。新興民主國家類似的例子已經不少，令人憂心的是，最近三年這樣的戲碼就在我們眼前上演，從一開始有點意外到漸漸不以為意，我們的民主政治其實已經面臨系統性的危機。

簡單的回顧一下，大法官審判獨立得以鞏固最關鍵的就是二十二年前修憲加上的不得連任規定，誰都沒想到這樣目的明確的規定，竟會在三年前被蔡總統輕率的以「再任」方式迂迴而頓時破功。司法官的獨立直接面對的挑戰是監察委員的彈劾和民間團體的評鑑，兩者也都一步步逼近審判權和檢察權的核心。更大卻鮮為人知的衝擊，則來自終審法院組織的急速改造，甚至不惜犧牲人民的訴訟權，二三審優秀法官的生涯規畫陷入劇變，除了求去者眾外，對於內心獨立的繼續堅持會有多大的影響，尚難以測量。總統召開年金改革和司法改革的國是會議，把依憲法意旨應有政策主導權的考試院（年改公務員部分）和司法院變成決策幕僚，又是對兩院的決策獨立最粗魯的霸凌，史無前例。至於正是為了避免黨同伐異而設的監察院，則是在委員被提名人公然宣示「辦藍不辦綠」，還獲得執政黨立法院黨團全票支持後，徹底失去功能，監察院已經變成結算政黨恩怨的機關。

至於法律層級的獨立機關，在人事方面，先有ＮＣＣ主委以處理所謂假新聞不力而被辭職，繼則提名長期為執政黨南北征戰的政治人物出任中選會主委。在政務方面，先爆發駭人聽聞的促轉會東廠事件，中選會則在前年藉九合一地方選舉成功的完成了十件公民投票案（通過了七案）後，本身雖無法律提案權，但既為以維護人民直接民主為己任的獨立機關，無論如何應該為落實人民憲法上的權利據理力爭，不此之為也就算了，竟還曲意配合行政院壓縮公民投票的政治指示，研擬使公投與全國性選舉脫鉤的草案。連公平交易委員會都在爭議聲中，先基於市場競爭自由的保護而以國際大廠有濫用其標準專利優勢行為慨然做出違法認定，甚至創下最高額罰鍰紀錄，卻在時隔幾月後突然與廠商和解，大幅降低罰鍰而以不當連結的方式換取高額投資的承諾，寧可賠上法治，也要妝點執政黨不太好看的經濟門面，嗣後空有監察院糾正，已經是既成事實。一件接著一件，都在三年內發生，我國的獨立機關已如無物。

獨立從來就不是一件容易的事，因為對於被獨立的權責機關，任何獨立的主張都意味某種決策或行政的障礙，或至少是不可預控，所以才要讓獨立機關在組織或決策、預算上受到某些最低的保障，但這都還只是外在形式的獨立保障，真正要做到內心的獨立，必須培養出一種強大的人格，任何機關沒有經過歲月的考驗都不容易真正做到。回頭看臺灣在一個完全沒有審判獨立文化的社會基礎上，如何一點一點的經由個別司法官、法律群體和主政者先後付出的努力，才把這個信念價值和制度保障建構到相當穩定的程度，為政者對於獨立機關的堅持珍惜都來不及，何忍一而再，再而三的加以摧殘？誠如古聖先賢說的，從善如登，從惡如崩，成熟民主國家的行政和立法部門對於獨立機關無不展現寧寬勿緊的尊重，才會在民主發展史上留下不少令人緬懷的印記，我們的當政者為什麼如此短視？

最讓人痛心和難以釋懷的是，在臺灣全民一心，以不同方式推動民主的道路上，當年在野、今天主政的許多人，對於尊重獨立機關以健全民主的道理，也都懷抱極高的信仰，不少飽學之士還曾著書立說，以其為民主體制不可或缺的一部分，為什麼一朝權力到手，可以這樣公然挑戰昨日之我，做出今天概括承受威權原罪的國民黨都不敢做的許多事情？如此明顯的政治人格分裂，好像已經不是單純權力飢渴或權力傲慢所能解釋。個人的觀察，可能還是和今天執政黨懷抱獨立建國夢想，卻又完全無能獨立建國有關，以致借殼上市，嘴裡有憲法，心中無憲法，對全民努力打建、通過七次修憲（包含民國九十四年以準公投方式通過）才完成的中華民國在臺灣的民主憲政體制，始終不願矢志效忠，才會有這樣把民主法治都看成工具，可為我用則用之，不可為我用則棄如敝屣的做法，一切等到國家「正常化」後，才按正常民主法治辦事。臺灣當前的民主問題，歸根究柢，其實就在這裡，執政黨的一廂情願，實際上綁架了所有的臺灣人民。所以我常說，二戰後的德國，是到了主流政黨社會民主黨於一九五九年黨代表大會在巴德葛德斯堡通過所謂葛德斯堡宣言（Godesberger Programm），正式揚棄對馬克思主義的終極追求，從階級利益轉向全民利益政黨，才使二戰後重建的民主政治真正穩定下來。在此以前，民主法治也只是這個追求執政的主流政黨的工具而已。我們恐怕也只能明確揭發民進黨對待民主的工具化態度，呼籲和等待民進黨的葛德斯堡宣言，正心誠意的面對我們這部經過全民肯認的憲法，否則臺灣和民主的距離，只會越來越遠。

維護通訊秩序、意見自由

——監理獨立：隔開與惡的距離

石世豪（國立東華大學法律學系教授）

曾經在二〇〇六年初至二〇〇七年五月間擔任行政院長的蘇貞昌，二〇一九年一月十四日再次接下同一職位。由於前次任期內，蘇貞昌及其僚屬多次「圍勦」剛成立的獨立行政機關——通傳會——發動所謂「獨立戰爭」，熟知這段歷史的人不免擔憂，類似戲碼是否又要重演。蘇院長並未讓臺灣媒體久等，果然在三月十七日一個不相干的視察場合裡，向在場媒體痛批通傳會讓「假消息」擴散，還怒稱「誰都管不到它、它也是什麼都不管」。時任通傳會主委的詹婷怡幾番努力回應，終究在四月二日由通傳會公關人員向記者「證實」已經請辭，通知內容還表示「有關主委請辭內容請見主委臉書」。

通傳會的「噩夢」並未因此結束，五月三十日，代理主委職務的副主委翁柏宗，又以「身體健康因素」為由請辭，蘇院長隨即指定由委員陳耀祥代理通傳會主委。通傳會不僅主委、副主委在兩個月內接連去職，委員總數也從七人驟減為五人，貼近法定總額半數；根據通傳會組織法第十條第三項規定，只要再二位委員走人，或者，堅持不接受多數意見，該會很快就陷入無法決策的窘境。

我們暫且撇開：蘇院長如此執著於「修理」通傳會，所為何來？到底通傳會為什麼要設計成讓他「管不到」的獨立行政機關？在民主法治框架下，行政院長又應該如何與通傳會「正常」互動？礙於篇幅，本文以下只就這兩點簡要加以說明。

一、摒除上級政治干預

二〇〇五年間，立法院經過朝野政黨激烈衝突，制定通傳會組織法，不僅把新設機關冠上「國家」二字，更以極為特殊的立法院朝野政黨及行政院多階段參與推薦、審查、提名、同意程序，選任該會合議制成員。就在通傳會創會委員依法就任前夕，行政院向司法院大法官聲請釋憲，主張通傳會組織法違憲；通傳會成立運作之後，接任行政院長的蘇貞昌，不但多次公開抨擊通傳會，更任由新聞局及交通部繼續保留廣電處、電信總局，「扣留」依法必須移交通傳會的人員、預算及職掌。尤其，當二〇〇六年七月二十一日，大法官公布釋字第六一三號解釋，認定通傳會組織法第四條雖然違憲，但是，通傳會「所作成之行為」無適法性問題，「人員與業務之移撥，亦不受影響」之後，行政院仍有政務委員公開稱呼通傳會為「違憲機關」；即使司法院難得公開「更正」這種刻意扭曲的說法，各部會依舊多方刁難、攻訐通傳會。這就是蘇貞昌率其僚屬所發動的「獨立戰爭」。

根據釋字第六一三號解釋意旨，行政院為我國憲法上最高行政機關，基於行政一體原則，必須「為包括……通傳會在內之所有行政院所屬機關之整體施政表現負責」，這點，大抵與西方民主政治中的所謂「責任政治」原則相當。簡而言之，行政院為執政黨掌控行政權的樞紐，凡屬於行政權轄下的各機關整體表現，是否導致執政黨在下次大選時遭民眾唾棄，都由行政院承擔結果責任。由此原則，大法官進而推論：「因通傳會施政之良窳，與通傳會委員之人選有密切關係」，行政院長因此必須擁有對通傳會委員的人事決定權。基於權力分立原則，立法院固然可以透過立法節制行政院，例如：建立任期制度、提名須經立法院同意等，但是，立法院不能剝奪或取代行政院所享有的人事決定權。一旦剔除立法院剝奪或取代行政院人事決定權的疑慮之後，獨立行政機關完全可以合憲、適法成立及運作。蘇貞昌及其僚屬持續「騷擾」通傳會，顯然嚴重誤解憲法解釋意旨。

尤其，通傳會與國內其他獨立行政機關：公平會、中選會、飛安會（二〇一九年擴充職掌，改組為國家運輸安全調查委員會），經過多次調整後，在二〇一二年之後已經全面依新法改制，並無立法權剝奪或取代行政院人事決定權疑義。中選會、公平會、通傳會這三個「碩果僅存」的二（部會）級獨立行政機關，組織法上甚至都明文規定「因罹病致無法執行職務」、「違法、廢弛職務或其他失職行為」、「因案受羈押或經起訴」三款委員不適任事由，行政院長有權加以免職。因此，蘇院長果真「不滿」通傳會前後任主委表現，自然可以依法予以免職。根據國會大量創設獨立行政機關的美國前例，對於去職須有法定事由的獨立機關合議制成員，行政首長恣意予以免職，「被免職」者尚且可以向法院訴請法律救濟。行政院長演出「罵走」通傳會主委而其繼任者又「（被）告病」戲碼，顯然有別於民主法治常規運作下的「正常」表現。

更何況，立法機關之所以創設獨立行政機關，並非專以削弱、節制行政權為能事；根據釋字第六一三號解釋理由，「承認獨立機關之存在，其主要目的僅在法律規定範圍內，排除上級機關在層級式行政體制下所為對具體個案決定之指揮與監督，使獨立機關有更多不受政治干擾，依專業自主決定之空間」。亦即，既須符合「責任政治」原則，不剝奪行政院的人事決定權，又要「排除上級機關……對具體個案決定之指揮與監督」，盡可能「不受政治干擾，依專業自主決定」，這兩套「相反相生」的設計原理，正是獨立行政機關創設不易，成功運作更是困難重重的「原罪」：「罪」在執政者為贏得下次大選，短線操作之際往往扭曲民主法治長期健全運作不可或缺的經濟社會基礎：公平選舉、自由競爭、通訊秩序及意見自由。

不同於中選會、公平會單純屬於組織及作用獨立的法律上獨立行政機關，通傳會依釋字第六一三號解釋意旨，另負有維護憲法上「通訊傳播自由」的重要任務：「通傳會所監督之通訊傳播媒體有形成公共意見，以監督政府及政黨之功能，通訊傳播自由對通傳會之超越政治考量與干擾因而有更強烈之要求」。如今，民進黨不再處於當年顧忌在野黨掌握立法院多數的「少數執政」格局，這次「修理」通傳會，也是行政、立法接力施壓。就連被「修理」的通傳會委員，全部都由民進黨掌控的行政及立法兩權提名、同意而任命，更讓人看不透這算哪門子「責任政治」？對照蘇院長及民進黨立法院黨團所指控的「假消息」、「假新聞」內容，又盡屬不利於執政者，豈不正是通傳會作為獨立行政機關「不受政治干擾，依專業自主決定」的具體個案決定「核心」權限？大法官反覆致意的通訊傳播媒體「形成公共意見，以監督政府及政黨之功能」，「通訊傳播自由對通傳會之超越政治考量與干擾因而有更強烈之要求」，又將置於何地？當初提出釋字第六一三號解釋聲請案的民進黨，「完全執政」之後，果真「此一時也，彼一時也」？

二、正視獨立行政機關

回顧獨立行政機關在世界上出現及演進的歷史，早在一八四〇年英國國會就設立鐵路管制委員會，審議備受人民詬病的鐵路運費居高不下問題；英國國會直到一八八八年還不斷改造鐵路管理委員會，美國國會則在一八八七年跟進設立州際通商委員會（ICC），管制同樣讓美國人詬病不已的鐵路運費問題。此後，美國轉而成為將行政事務大量移交給獨立管制機關的典範國度：舉凡市場競爭（FTC）、無線電頻率使用分配（FRC，FCC）、證券交易（SEC）等經濟社會重要事務，國會不滿行政部門既有表現，本身既無法直接介入又難以制定適切法律加以規範，紛紛創設獨立管制機關再授予廣泛的訂定法規（rulemaking）及裁決（ajudication）權限；為了有效隔絕來自總統及行政部門的政治干擾，國會往往在創設立法中明定獨立管制機關合議制成員任期、任命須經國會同意、僅能以特定事由（for cause）免職等制度，保障獨立管制機關合議制成員「依專業自主決定之空間」。

儘管獨立管制機關須向國會報告、總統任免合議制成員權力受限等問題，反覆引發國會相關立法牴觸憲法三權分立規範的爭議，美國由獨立管制機關掌管特定行政事務的典範並未中斷，反而在憲法學理中發展出「功能性」權力分立原則補充「形式性」權力分立原則所不足之處，讓憲法本文不曾提及的「第四部門」經由憲政實踐正式成為政府體制環節。進一步追溯各國憲政實踐，可以發現：獨立行政機關自始就不是根據什麼「原則」或憲法「教義」設計，毋寧基於現實政治上的迫切需求，在政府組織及管制方式上進行務實的制度試驗。既然各國國會依其現實需要進行制度試驗，獨立行政機關的組織形態、任務內涵、執法工具及運作經驗因此相當繁複多樣，即使僅以通訊傳播行政領域為例，也遠遠超出釋字第六一三號解釋所想像的「比較法」範疇之外。

釋字第六一三號解釋據以建構其理由的「比較法」摹本，基本上是總統制下的「功能性」權力分立概念，只是根據憲法第五十三條規定，把「行政首長」從總統移往行政院長而已。姑且不論，我國憲政「半總統制」下行政院長本身並未經過定期改選直接取得民主正當性基礎，許多採取內閣制的歐洲及大洋洲國家也都紛紛創設獨立管制機關，以極為特殊的組織形態掌管通訊傳播行政事務，大法官們並未納入我國憲法解釋的「參考」範圍內。例如：英國創設OFCOM、奧地利創設RTR、澳大利亞創設ACMA，都以法人組織形態接受國會立法委任，扛起獨立監理通訊傳播資源分配及市場管制責任。反之，德國則透過立法，在聯邦經濟部長之下創設BNetzA，以「自主的」（德文；該機關本身英譯則為「分離的」）高等聯邦官署形態，以類似司法審判的程序合議決定頻率核配、不對稱管制等影響通訊市場秩序的核心監理事務。

綜合觀察採行總統制的美國，以及，歐洲與大洋洲採行內閣制各國在通訊傳播領域內創設獨立管制機關的憲政經驗，可以歸納出：隔開行政首長的狹隘「勝選」考量、以國會立法交付必須超越黨派利益的重要管制任務兩點核心設計理念；進一步從兩者彼此關聯看來，又可以總結出「以任務為核心，獨立為手段」的共通制度建構原則。

只不過，各國普遍關切一般民眾獲得符合當代生活所需的通訊服務與其中所涉及的龐大商機，有鑑於兩者難以在黨派政治傾軋中適切平衡，於是導入市場競爭激化業者創新活力，依循以往經驗授予管制者從技術、市場兩個「內容中性（content-neutral）」面向介入的管制權限，據以建立新的通訊秩序。反觀大法官肯定立法院將通訊傳播監理權限「從層級式行政體制獨立而出，劃歸獨立機關行使」，著眼點卻是「憲法第十一條所保障之言論自由，其內容包括通訊傳播自由，亦即經營或使用廣播、電視與其他通訊傳播網路等設施，以取得資訊及發表言論之自由」！這類言論自由、表現自由或媒體自由、新聞自由等基本權，在上述國家自始就不是國家能輕易干涉者，美國憲法第一增修條文甚至明定「國會不得立法」。簡而言之，國家既不得輕易干涉，行政首長就更不能指揮原本就該「遠離」執政意志的獨立管制機關處理特定言論、新聞報導或媒體。

附帶一提：獨立行政機關如通傳會，大多以合議方式決定核心管制事務，主委在此頂多是個會議主席（chair），通常除了排定議程之外，只在可否同數時例外參與表決。因此，儘管位列公卿（相當於二級機關首長）讓通傳會主委事實上常捲入內（行政院）外（立法院及媒體、一般民眾「公評」）政治漩渦，身為合議制成員之一的她／他並不能擅自專斷，必須依循組織及作用法令交由全體委員充分審議，甚至邀利害關係人、專家學者、公民團體表示意見，透過委員的不同專長背景溝通內外認知差距，事後則須依法由司法機關檢視其決定的適法性。行政首長或立法院執政黨團，對通傳會主委有再多「意見」，無論在法律制度上或憲政原理上，都不能直接貫穿「遠離執政意志」的制度屏障，必須依法透過人事任免、質詢及預算審決等程序加以監督。

雖然，獨立行政機關為了遵循法定程序難免決策耗時，原本從「層級式行政體制」

外找來的合議制成員難免「水土不服」，實證經驗上也曾經出現「會而不議，議而不決，決而不（可）行」等現象，在行政「效率」方面打了折扣。對照「獨立戰爭」期間，遭蘇貞昌及其僚屬「圍剿」的通傳會，依舊領先各部會完成公文電子化、引導中華電信MOD轉型、推動「村村有寬頻」普及服務、積極整併各類設施證照管制簡化流程、及時完成匯流法令整備，「效率」毫不遜於「配合」行政院「扣留」部分應該移撥通傳會人員、預算及職掌的僚屬機關。

獨立行政機關到底「管」或「不管」？該問的，或許是執政者的「慎始」智慧：握有人事提名及同意權柄者，到底有沒有挑到適任人選？執政者如果想要「失之東隅，收之桑榆」，藉由「逼退」現任人員另謀「補救」，碰到受有任期保障、依法免職、依法獨立行使職權的獨立機關合議制成員，難免覺得手中權力嚴重「貶值」。然而，這點卻正是各國創設獨立行政機關的共通原理：阻絕執政者「事後反悔」轉而個案干預的操作手法；在通訊傳播領域內，尤其必須摒除執政者基於勝選考量，個案介入媒體賞罰決定的政治操作空間。

選舉的品質與臺灣民主

劉義周（國立政治大學政治系名譽教授）

每一年世界各地都有選舉。最近一年辦理全國性選舉的國家在亞洲非洲都不少，有的和平落幕，如澳洲、南非、印度；有的引發程度不等的爭議，甚至流血抗議，如土耳其、奈及利亞、加納等。歸納眾多國家選舉的過程，可以看到一個大致的趨勢：成熟民主社會選舉是和平的；不夠民主的社會常見選後的動亂。選舉與民主果然息息相關。選舉本是普世認定民主政治的必要條件，而民主的成熟，又是選舉順利的保證。本文在這樣的認知下探討臺灣選舉的品質與臺灣民主的關係。「選舉品質」與「民主」都是多面向的概念，需要多個指標才能表達比較完整的意涵。本文無意全面處理這兩個概念的關係，而是企圖在臺灣目前的政治氛圍裡，討論比較需要被重視的面向，相當片面地討論最近臺灣選舉出現的亂象。

一、高品質的臺灣選舉

臺灣選舉自民主化以來，在國際間常被讚美為新興民主國家中的典範。本文首先要提出幾個高品質選舉的簡單指標，再據以扼要檢視臺灣的選舉。

（一）高品質選舉的必要因素

高品質的選舉需要一些條件始能成就。我們可以從臺灣與各國的選舉經驗中，歸納出幾個顯而易見的要素。包括：（一）完備的選舉制度。（二）專業的選務人員。（三）政治中立的主事者。（四）外在權力者的節制。其中前二者可說是長期穩定的基礎設施，後二者是有可能偶然變動的因素。這當中每一個都是高品質選舉的必要因素，而且要相輔才能相成。我們就這四個因素反省臺灣的選舉。

一、我們的制度完備嗎？

我國實施普遍民權的選舉是一九五〇年代以後的事。一九五〇年臺灣省政府公告了

《臺灣省各縣市實施地方自治綱要》後，臺灣選舉開始有明確規範。其後依據憲法以及一九九一年至二〇〇三年間的七次修憲，開了選舉新法源。同時立法院先後制訂、修訂了《動員戡亂時期公職人員選舉罷免法》、《公職人員選舉罷免法》、《總統副總統選舉罷免法》、《公投法》等，以及相關施行細則，作為選舉投票的規範。這些法規運作的近七十年中，一直在因應選民的批評與需求修訂，一直在跟著大環境的變化往更民主的方向進步。最近幾次公職人員選舉罷免法的修訂都是好例子。例如：選罷法原來規定候選人在選舉公報中刊登的文字以本國文字為限，修改為開放由候選人在固定版面內自行決定內容自行負責；原以行政解釋禁止開票時照相錄影改為全面開放；原選罷法中禁止罷免案進行中的宣傳活動的規定予以廢除，代之以完整的公平規範，以符實際需求。

在不下百次的修訂之後，我國現有制度雖稱不上完美，但我們有關選舉的規範確實一直都在回應民眾對公平、公正、公開選舉的要求。

二、選務人員夠專業嗎？

每次選舉投票日我們都動員了二十萬以上的工作人員。其中專職選務人員一定是國家考試出身的公務員；兼職選務人員大都身經百戰，還必須參加選前的訓練、講習。

投票工作人員中，占最大比例的是中小學教師。中小學教師在社會中普遍受到大眾的信任，適合擔任角色中立的選務工作。另外則是各中央地方機關在職或退休的文官。他們的公法知識、守法習慣以及負責的態度，都成為絕佳的選務工作人選。不論專職或兼職的選務工作人員，都有事前充分的訓練。訓練重點除投開票的細節外，特重法治修養培育。專職人員又另加強前瞻能力的培養。例如，在選務人員培訓課程中，包括了電子投票相關知識，以備未來工作之需。

大量兢兢業業執行選務人員的工作難免有出現瑕疵的時候。不過整體說來，我們可以相當放心地說：我們擁有一大群認真、高水準的選務人員。

三、選務主持者做到政治中立了嗎？

依照我國選舉罷免法，從總統副總統以下到村里長的選舉，都由中央選舉委員會主辦或監督的。中央選舉委員會是法律規定的獨立機關，由委員九至十一人組成，採合議制行使各種法定職權。為排除政黨勢力的絕對影響，委員來自同一政黨者不得超過總數三分之一。委員且都有任期保障，進一步避免其他外在勢力的干擾。不過中選會的委員中，僅正、副主任委員為專職，其餘皆為兼職。我們不難想像主委、副主委的人選對中選會的運作很具關鍵性，特別是主任委員。只有主委尊重選務機關的獨立角色，堅持依法行政，才能保證選舉的公平公正。中選會在二〇〇九年法治化以後至二〇一七年間，主委、副主委皆無政黨背景，這期間也都從未被指責在選舉中偏袒任何政黨。這也是我國選舉公信力建立的要素之一。

四、外力干預選舉了嗎？

選舉的公正性有時會受到外力的影響或干預。「外力」有時指的是國內政黨或選務機關的上級，也有時候是社會上的某種勢力甚至來自國外的介入。選務主事者對後者可以使力的有限。這種外力影響企圖通常操之在人。不過國外的干預也不一定發生干預者想要的影響。例如中國大陸對上世紀末臺灣選舉期間曾有的恫嚇，結果恐也非他們所願。

至於國內的干預，選舉時不論政黨執政在野、無分大小都有扭曲選舉圖利自己的企圖。主事者力抗政黨，維持政治的中立因此至關重要。另一更大的挑戰則是對抗來自上級的壓力。中選會在面臨行政院或總統府的介入時，能否堅持依法行政？反過來說，有權力的上級能否自我節制？這是外界難以觀察到，卻是公平公正選舉的關鍵之一。

（一）二〇一八年地方選舉的主要問題

1、怎麼有這樣的規畫？

二〇一八年地方選舉與公投的投票最受詬病的當是部分投開票所場地設施的不足，嚴重延誤投開票時間。

通常每個投票開票所規畫選民數上限為一千三百位。若我們估投票率為百分之六十，每所會有七百八十人投票。中選會稱經模擬投票需時兩分十秒（大約二．一六分），每個投票所選民投票所需時間是：

二．一六分×七八〇人＝一六八四．八分

這大約是二十八小時。投票日投票時間為八小時。如果上述的兩分十秒全部用來投公投票，公投部分就需要四個圈票處來消化投票需求。這兩分十秒的估計，原還包括公職人員的選舉。其實在七百八十人投票的投票所，保守計算需要設置六組圈票處，也需要比過去投票使用更大的空間。

這並不是個難解的算數題，但被錯解了。規畫的嚴重缺失是造成選務亂象的重要原因。

2、主委，您中立嗎？

政務官理當積極任事，而且要讓民眾有感。中選會主委的角色容或不同。選委會的任務是讓選舉公平、公正、公開地舉辦，只要達此任務，即便民眾「無感」也無不可。中選會張博雅前主委曾形容中選會的角色要像乾淨空氣一樣，是社會生存所必須，但常態下大眾不一定感覺到它的存在。低調，是中選會主委的重要行事特徵。二〇一八年的中選會主委多次因為不同議題把自己推到媒體關注的焦點，自然招來各方的批評。他也親上媒體，高調發言，把自己從公平公正選舉的公親角色，變成政治爭議的一端。對中選會的政治中立角色的需求，確實有百害無一利。

3、怎麼會有違法的公告？

《公投法》第十七條規定：「主管機關應於公民投票日二十八日前，就下列事項公告之……三、政府機關針對公民投票案提出之意見書。……」所以政府文書要出現在公告的期限就是投票日前二十八天。過此期限，一概不准。政府執法，對民眾的要求就是如此。事實是：行政院所提意見書在十月二十四日經中選會公告之後，又在已經超越期限的十一月二日出現七件「修正」的新公告。我們無法猜測這些新公告出現的決策過程，但是中選會在法定期限後發布這些公告，明顯違法。這也很難不讓人懷疑中選會的中立角色，也很難相信行政院沒有干預。

結語：民主會離我們遠去嗎？

二〇一八年的地方選舉以「亂」震驚了臺灣社會。每個人心頭難免會問：我們的民主就這樣離去嗎？

個人有些不願悲觀的理由。選舉後一片罵聲中，並沒有人指責選務人員舞弊。對選舉結果不滿的候選人，上法院而不是上街頭。這表示：臺灣過去累積下來的選舉公信力還有挽救餘地。我國的選舉制度依舊，選務人員仍然無怨無悔，司法裁判的權威還是被尊重。這些，是很多人歷經多年一點一滴努力累積的成果，是臺灣社會寶貴的公共資產，值得所有人珍惜維護。但我們都應該有明確的認識：民主，不論根基的厚薄，都有可能是脆弱的。

從選舉的面向來看，臺灣與民主幾乎沒有距離。為了達到這樣的地步，我們的社會走了很遠。但是，這樣的成就會因為一兩個人的破壞，一夕崩壞，讓臺灣民主倒退很多年。

打蟑螂的拖鞋
——監察院

李復甸（中國文化大學法律研究所教授）

一、監察權的緣起

監察權在我們整個中國歷史上來看，恐怕在夏代就已經開始有監察這樣的職務存在、有這樣的功能，名稱雖然跟後來一般所說的御史不太一樣，可是功能一直存在。那這個御史一直到清代，民國以後，我們叫監察。

從商代開始，行政、監察跟軍事三權並立。秦漢以後，就很清楚的有御史大夫的存在，我們通常稱風聞論事，只要聽到有傳言弊案，就可以開始來辦這個事情。秦漢開始，功能是在糾察官邪。一直到元代，一度廢掉御史，但廢掉沒有太久，發現不能沒有監察的制度，元代又把它恢復。這一恢復，非但對人連政治的得失、民生的休戚他都管。也就是我們現在制度裡頭，監察權它有對人的糾彈，對於事情有糾正。到了明代叫督察院，它的功能就越大了，所以它有正官風、劾官邪、正法紀、雪冤獄、恤黎民、肅邊政跟便人民，這些都是御史要去做的事情。御史的權力是很大的，因此歷代都有所謂「六條」來節制御史。

二、幾個歷史人物

歷史故事中的御史，不能不提包拯。仁宗時，張貴妃之伯父為三司使，號稱計相張堯佐因侄女兒受寵。仁宗又要封賞為宣徽使，朝臣大為不滿，包拯、王舉正等御史與仁宗廷諍。言詞激越竟啐了仁宗一臉唾沫，終於罷黜了宣徽使。

漢順帝時，張綱為御史。漢安元年，與杜喬、周舉等八人分巡各地。綱年少，官次最微，大家受命分赴管區，而綱獨埋其車輪於洛陽都亭，說：「此地已豺狼當路，哪裡還需要到外地去找狐狸。」

成帝時安昌侯張禹為寵臣。槐里令朱雲朝見，請皇帝頒尚方寶劍，願為皇帝斬除佞臣。成帝問道，已要替我殺甚麼佞臣啊？朱雲說就是你的寵臣張禹。成帝大怒，命將朱雲拉下斬首。雲攀殿檻，抗聲不止，檻為之折。後來經大臣勸解，雲始得免除死罪。後修檻時，成帝命保留折檻原貌，以表彰直諫之臣。

歷史上御史是這樣忠言直諫不顧性命，皇帝也是如此珍惜大臣的直言進諫。

三、現行監察制度

國父創制五權憲法，除承襲監察制度外，更融入現代民主與人權理念，讓監察院以超然立場，獨立行使職權。西方監察制度起源於一八〇九年瑞典設立之國會監察使（Ombudsman）。現今各國有監察制度之國家甚多，參加國際監察組織（International Ombudsman Institute, IOI）目前全世界就有一百六十餘個國家或地區設置監察機關。監察院絕不是少數人所稱的世界各國所無的憲政怪物。

憲法增修條文第七條規定「監察院為國家最高監察機關，行使彈劾、糾舉及審計權……」規定了對人的彈劾與糾舉。憲法第九十六條「監察院得按行政院及其各部會之工作，分設若干委員會，調查一切設施，注意其是否違法或失職。」第九十七條一項

「監察院經各該委員會之審查及決議，得提出糾正案，移送行政院及其有關部會，促其注意改善。」規定了對事的糾正。為了辦理彈劾、糾舉與糾正必須有調查權，憲法第九十五條規定監察院為行使監察權，得向行政院及其各部會調閱其所發布之命令及各種有關文件。

監察法第二十五條規定，當行政院或有關部會接到糾正案後，應即為適當之改善與處置，並應以書面答覆監察院；如逾兩個月仍未將改善與處置之事實答覆監察院時，監察院得經有關之委員會決議，以書面質問或通知其主管人員到院質問之。因為質問是通知其主管人員到院質問，所以在質問之後仍未改善，就會變成其主管個人的違法失職而受到彈劾的可能。監察法施行細則第二十條之一，行政院或其所屬各機關對於糾正案，未依監察法第二十五條規定答覆者，除依前條規定辦理外，如有藉故敷衍、推責、延宕，或不為適當之改善與處置，或經質問後仍未切實改善，或改善後就同一性質之事件仍一再發生相同、類似違失情事者，經調查屬實，對該主管長官，得逕依監察法第六條提案彈劾或第十九條之規定書面糾舉。

除了憲法規定彈劾、糾舉與糾正外，監察院還因監試法、公職人員財產申報法、公職人員利益衝突迴避法、政治獻金法、遊說法，有一些立法規範來的職權。

四、監察院的客觀公正

監察權必須客觀公正。監察權不僅是政府的防腐劑，更是達到善治的最佳保證。各個憲政機關都該把監察院當作諍友，而不是找麻煩的單位。尤其是行政院，院長身後的部屬都拿最乖巧能幹的一面面對院長，院長要知道真實狀況必須要有側面的觀察與消息來源。行政院長當然可以靠著聽小話，靠著黑函、流言來了解施政。但是，監察權是制度上為行政權提供施政參考的重要憑據。國家最高行政主管是行政院。行政院長最應尊重並聽取監察院的意見。總統不是行政的最高主管，行政院長不是總統的幕僚長。總統在五院之上，依憲法統轄五院更是必須依仗監察來了解全盤政治，而不是一味維護行政院，而要求監察院少管。

監察委員在就任宣誓之前，均自動退出政黨或停止政黨運作。任內調查案件行使監察權力，均不能再將任前之各種糾葛帶入職務行使。曾有三、四屆委員笑稱來任監察委員也要先喝孟婆湯。近來有部分監察委員出任之前便宣稱為某特定團體報仇，為特定人申冤。在立院公聽應答時，針對個案欲以懲治承辦法官，引發社會譁然。也激起法官協會的憤慨。事實上，用心先去了解一下監察委員的職權範圍與監察院調查立案的程序。

監察委員獨立行使職權是指獨立查案不受干涉的權力。監察院的調查報告，糾正、糾舉、彈劾之提出，都是合議制。除非監察委員都被綁架了，監察院是不會失心瘋的。我們希望被遴選出任的委員都還是有一定程度的專業與良知的。

監察院的效果好壞，在於總統是否找到適任的人選，也在尊重監察功能。更在監察委員自我的要求與自我約束。監察院典型人物陶百川曾說：監察委員做得我「六親斷，故交絕」。最是令人欽佩。四十六年十二月行政院長俞鴻鈞因不處理過去監察院所通過的糾正案、未能杜絕浪費調整待遇、接任中央銀行總裁浪費情事等情事，受到調查但俞鴻鈞拒絕到監察院應訊問，引發監察委員意欲彈劾。消息為當時蔣中正總統知悉，便將全體監察委員約到總統府，招待晚餐意欲說項。可是蔣總統始終說不出口，各監察委員也心知肚明無人說話，大家悶頭吃了一頓散去。回到監察院照樣提案彈劾了行政院長。就以當年的國內外情勢與威權時代的作為，蔣總統還是依憲維護監察權的獨立行使，不敢逾越。

五、監察院之存廢

監察院該不該廢？不是情緒化的議題。監察院可廢，可是監察權不可能廢。想要急著廢監察院的人，許多是幻想臺獨而欲廢中華民國憲法，廢中華民國憲法從廢五權著手。若是除去了監察院，除非實行法西斯，制度上還是少不了監察權。監察權是任何一個民主共和體制，都必須具備的制衡功能。中國傳統上即使是專制體制也都還有監察權存在。廢了監察院，監察權歸誰？歸球員兼裁判的行政院？歸總統？還是歸立法院？現在全球監察組織聯盟參加國有一百餘國，大部分國家將監察權放在國會，但是大凡可將監察權放在國會的，都是兩院制的上議院。大家若認為監察權適合給霸道且理盲的立法院，那就無話可說了。

監察院不是第四審。監察院儘管經調查，可以對法院判決有疑義的案件，移請最高檢察總長提起非常上訴或再審。但絕對不可以介入司法審判核心的。為了避免被當事者利用，監察院在案件繫屬法院，未判決確定前，除非侵害人權的重大事由，是不會立案的。監察院多年來委員們行使職權自我節制，與獨立公正辦案的傳統，與監察院辦案嚴謹的制度與規範，還是監察院執行憲法所賦予任務的準則。

監察院是維護人權的機構，也是糾正行政體系謹慎奉公，力行善治的必備機構。任何個人甚或政黨，當受到委屈無處可訴時，都還是找上監察院。貪官霸吏去不掉、怠政弊案查不清，甚至惡法釋憲提不成，最後都只有找監察院。大眾談論的美和市案、高鐵案、大巨蛋案、蚊子館、江國慶案、徐自強案、鄭性澤案、后豐大橋墜橋案，也都是監察院調查後，引起社會矚目爾後能依法處理。許多被行政單位掩蓋的弊案，或誤審錯判的冤案，都是糾彈在先爾後引發社會輿論，得到改善。若是硬要批評監察院一無是處，實在有失公道。切莫人云亦云，把監察院當作打蟑螂的拖鞋，一旦可惡的蟑螂被打扁後，又將拖鞋踩於腳下。

解構司法民主化浪潮

張永宏（輔仁大學法律系助理教授）

一、問題之提出

如果站在街頭對行色匆匆的路人進行隨機訪問：「你對臺灣的司法（法官）有什麼看法？」大多數的答案恐怕不太樂觀，不是抱怨法官縱放壞人，就是質疑法官向政治勢力或富商巨賈靠攏，氣不過的人，免不了加幾句咒罵的言語：「希望這些不幸的犯罪發生在法官或法官家人身上！」「讓法官把殺人犯帶回家好好教化！」甚至簡單地用「恐龍法官！」一句話，就概括了受訪者心中所有對於司法的不滿。

換個嚴謹些的調查方法——民意調查，民眾對司法的評價也不容樂觀，依據中正大學犯罪研究中心「一〇七年全年度臺灣民眾對司法與犯罪防制滿意度之調查研究」僅百分之二十一．九的民眾相信法院法官可以公平公正審理與判決案件；群我倫理促進會與遠見研究調查公布之「二〇一九社會信任調查」，信任法官的比例為百分之三十九．六，不信任的比例則為百分之五十二，對於「司法是否能夠維護公平正義？」之問題，回答「能夠」的僅有百分之三十，但回答「不能夠」的則高達百分之六十三；即使是司法院自己做的民意調查，民眾對法院、法官表示信任的比率各為百分之三十六．三、百分之三十八．七，不信任則各為百分之五十七．六、百分之五十六．八。

在一般民眾對於司法的不信任度遠高於信任度的情形下，「司法改革」遂成為政府近年重要政策目標，繼一九九九年的全國司法改革會議，由總統府主導、於二〇一六年十一月至二〇一七年八月舉行的「司法改革國是會議」，更基於「協助政府擬定司法的大政方針」之目標，提出諸多改革議題。

其中最受到矚目的議題之一，即為「人民參與司法」。在國是會議過程中，此一議題幾近於「陪審制」與「參審制」的政策大辯論，雖然最後並未做成究竟要採取何種制度的決議，但主政的司法院與行政院會銜提出取法日本裁判員法（近於參審制）的「國民參與刑事審判法」草案，而立法委員則提出數個陪審制版本草案以為因應，究竟我國未來是否會引進國民參與審判制度？會採取何種形式（陪審或參審）的國民參與刑事審判制度？實難以逆料。

但值得注意的是，不論是司法院的版本，還是立法委員的版本，幾乎都不約而同地強調「提高人民對於司法的信賴」以及「國民主權（或主權在民）」兩個概念。其中「國民主權」可以視為讓國民參與審判的「正當性（legitimacy）依據」，而提升一般國民對於司法的信賴，則為所欲達成的「政策目標」。

問題是讓人民參與審判，可以提升一般國民對於司法的信賴嗎？而讓人民參與審判，真的就是國民主權、甚至是司法民主化的展現嗎？本文擬簡要檢討上述議題，並以此體現司法在民主時代的定位。

二、讓人民參與審判可否提升司法信賴？

國家制度出現後，為避免紛爭以私人武力方式解決，逐漸產生「司法制度」，司法的最終目的，就是在「定分止爭」（確定法律地位、解決紛爭）。但「定分止爭」之目的能否達成，除了有賴於國家權力的支持（如民事事件的強制執行，刑事案件的執行刑罰）外，案件的關係人、乃至於潛在的司法使用者（社會大眾）是否願意接受司法的最終決定，毋寧更為重要。

案件關係人乃至於社會大眾是否願意接受司法的最終決定，取決於司法是否具備權威性（authority）與正當性（legitimacy），讓國民願意將紛爭交予法院解決，也願意接受司法機關的最終裁決。

司法如何獲得司法的使用者——一般人民的信賴？換言之，司法如何取得解決紛爭的權威性與正當性基礎？筆者認為，司法至少必須具備「依法（Lawfulness）」、「公平（Fairness）」、「包容（Inclusiveness）」、「透明（Transparency）」、「問責（Accountability）」等特質，才可能在民主時代獲得人民的信賴。

讓一般人民參與審判，至少在前述「透明（Transparency）」方面可以獲得更進一步的落實。蓋參與審判的人民，不論是獨力認定事實的陪審制，還是與法官一起審判的參審制，都必須基於審判者的立場、全程參與審理程序，如此可使一般國民服膺於刑事訴訟程序的基本價值（如罪刑法定主義、證據裁判主義、無罪推定原則）、了解刑事訴訟程序的進行、並使法官心證形成過程透明化、可檢證化；此外，來自社會各行各業的審判者，論理上也會比起職業法官組成更具多元化，而能體會案件當事人的訴求，故讓人民參與審判，應該也可以增進司法的「包容性（Inclusiveness）」，也就是更具人性而溫暖的司法。

問題是讓一般人民參與審判，能否確保「依法（Lawfulness）」、「公平（Fairness）」？筆者的意見較為保留。固然，參與審判的一般人民均熱心於探究案件真相，且能從更多觀察角度切入，而於判決中反映國民健全社會常識、正當法律感情；但一般人民並不具備法律專業，在面對複雜的法律解釋時，未必能正確地適用法律；而面對社會輿論，欠缺獨立性訓練與身分保障的一般人民，是否能夠公平審判？也會是值得探討的問題。故在此情形下，採取讓人民與法官一起審判的「參審制」，即為擷取優點、迴避缺點的選項。

對於徹底否定現行刑事司法的論者而言，看法可能截然不同，因為此種論點全然否定現行職業法官審判具備「依法（Lawfulness）」、「公平（Fairness）」等特質，則讓人民取而代之「陪審制」，似為理所當然。但此種論點與筆者廁身法曹多年之觀察，並不相同，限於篇幅，將俟日後再行討論。

三、司法民主化的悖論（paradox）

在民主國家，政府的所有權力均來自於全體國民之授權、託付（即所謂「國民主權」），政府只是全體國民的「代理人」，代替國民行使治權，故國民不僅有權要求政府行事應該尊重民意，甚至可以「取而代之」「拿回權力」，由國民直接行使治權。從而「司法民主化」、「國民主權」這樣的觀點，在民主被視為國家最高價值的前提下，不能不說的確簡潔有力、打動人心。但是，這樣的思維卻有許多方面的盲點。

首先，既然是司法民主化，當然必須在司法個案審判中體現多數國民的意志，然而，參與審判的國民無論如何選任，事實上均不可能成為全體國民的代表。所以再怎麼標榜「司法民主化、國民主權」的國家，都不可能引進「全民公審」、「國會審判」，其實也就是對於司法是否適於用民主的方式來實現存有疑慮。因此，參與刑事審判的國民所做出的判決，並不能說是國民總體意志展現的「民主判決」，所以如果說讓國民參與刑事審判就等於達成了司法的民主化、實現了國民主權，不免顯得過分牽強。

其次，對於司法民主化論者更具致命性的質疑，則是「司法是否適於用民主的方式來實現？」對此，日本學者兼子一教授，曾有如下擲地有聲的論述：「在民主法治國家，司法的使命，乃是作為避免少數人之自由被多數意思之壓力壓迫而窒息的安全瓣，以及避免國政極端偏離方向的調節器，以此觀之，如果法院的組織與立法或行政部門相同，亦以多數意見決之，即有危險之慮。民主主義之下，立法或行政之政黨化或階級化，固屬自然，但司法亦如此的話，對於其上開使命，即有致命的危害。即使面對政爭或階級鬥爭，司法亦必須擔任在憲法劃定的界限內，監視有無公平比賽的公正裁判一職。雖然看來矛盾，但可說『司法的非民主化』才是『民主主義的合理運用』。此即民主司法所必須面對的『雙刀論法』。」

析論之，在民主國家，國民成為國家之統治主體，統治者與被統治者之對立狀態消滅，擁有直接民意之國會，遂成為三權中獨大者。然在國民之政治意識尚不健全之情形下，卻又易於出現國家政策過度搖擺偏激行事之危險，且政黨對立或階級鬥爭激烈時，往往出現多數壓制少數之情形，此際，司法權若完全為國民多數意志所操控，將演成露骨之黨派司法或階級司法，民主主義過度擴張之結果，反成為獨裁制度或集體主義。

為避免上述事態之發生，凡民主國家，必須先制定非可輕易變更之憲法，使立法權受到憲法之制約，再由國會制定抽象、適用於多數個案的法律，由司法權忠實地遵行、適用，同時使司法權更加獨立化，不受多數意見之左右，在不告不理原則下，職司審理關於個人人權遭受侵害之紛爭事件，以保障少數人的自由不為多數人的民主所侵害，此即為司法的固有使命。

為達成司法固有使命，審判者必須以事前存在、抽象而客觀之「法律」為判斷解決紛爭之唯一標準，此即為司法「正當性（legitimacy）」之來源。於此一觀點下，司法權在個案之行使應該被排除在民主主義的原則之外，亦即司法具有非民主性的意味，亦可說係藉由抑制一定程度之民主化的要求，來取得司法權乃至於審判的實質價值。

當然，司法具有非民主性之意味，並非表示司法具有恣意性或祕密性而不受外界監督批評，諸如法官應服膺於由國會以多數決方式制定之法律，審判時原則上應以公開法庭為之、俾利隨時受到一般國民的監督，並接受輿論及一般國民對於判決之批評等，均屬適例，但此與在司法審判過程中實現國民主權之「司法民主化」終究有異，上開監督毋寧是為了確保法院行使司法權之公正性，強化司法之正當性，而非欲藉此實現司法之民主化。

結論

在現代民主國家，在司法之領域，所表彰者乃是抽象、通案的「法律」，而不是具體、個案的「司法審判」。亦即在現代民主國家中，應由一般國民中選舉產生的民意代表制定抽象、適用於通案的法律，以期讓國家與人民，人民與人民之間的行為規範，有恆定、齊一的標準，當國家與人民，人民與人民之間產生紛爭時，亦能有解決的適當機制，也就是在法律制定方面，必須符合民主化的標準；但在司法審判領域，則應該著重於正確認定事實、以及在具體個案中正確適用國會通過的抽象法律，做出正確妥適的判決，以此解決紛爭。如果除了遵守法律之外，還要讓一般國民「一時的多數意志」貫徹到具體個案的判決上，則反而會妨礙司法忠實執行民主立法的使命，反而造成民主化的顛覆。從而司法民主化、實現國民主權的論點，實無法作為國民參與刑事審判制度的基本理念。

但讓人民參與審判，在不動搖司法固有使命之前提下，確可能提升司法公信力，甚至強化一般國民對於公共事務之責任感，深化公民社會，則應可肯定。

輿論如風、民意如水，司法則如山林，根植於民意（立法）所形塑的風土，經年累月的耐心灌溉，方可使司法茁壯，藉以維護自由、守護民主，但若一味要求司法曲從短期輿論、或是一時民意之趨向，則一如颱風、水患，終將使司法折葉斷枝、甚至根腐樹倒，自詡為民主國家之我們，能不慎哉？

公民社會與民主

自由主義的危機
——獨立機制的崩壞

吳玉山（中央研究院院士）

一、自由式民主體制

當民主體制最初在西方出現的時候，並不被認為必然比君主專政或寡頭統治更為優越，這與當時民主政體不受憲政法治拘束，對個人權利沒有完善保障有關。等到近代民主制度重新站上歷史舞臺之時，已經比起希臘羅馬的古典時代有更堅實的基礎，那就是以自由主義作為核心，將民主當成保障和擴展個人自由的制度工具。今日此種自由式的民主體制（liberal democracy）已經廣泛地被接受為最佳的政治制度，一方面因為它能透過憲政主義的設計（例如權利憲章和分權制衡）較大程度地保障個人自由，使其不受國家的恣意侵害；一方面這個體制又能透過選舉機制讓人民決定執政者，從而保證政策的品質，並讓表現不佳的執政者下臺。

然而，從一九七〇年代開始，在第三波的民主化浪潮中所湧現的新興民主國家，對於選舉高度熱衷，卻對於約束國家權力的憲政主義較為缺乏體認。打倒威權體制，建立選舉制度，使政府對人民負責成為政治轉型的首要目標，但如何節制這個有民意支持的國家卻往往不是政治領袖和一般民眾的重要考量。由於缺乏根深柢固的自由主義政治文化，新興民主國家很容易在建立了重要政治職位任期制、多黨競爭的定期選舉，和對政府的課責機制後，便出現了政治自由滑坡的現象。此時選舉機制雖然能夠持續運作，但是公民的權利已經無法確保。猶有甚者，此時侵害公民權利的國家因為有民意基礎，因此更具有正當性，也更有侵入性。

這就把我們帶到了僅有民主選舉、卻缺乏政治自由的「非自由式民主」（illiberal democracy），甚至「競爭性威權主義」（competitive authoritarianism）的體制。這些體制介於自由式民主和威權主義之間，是屬於灰色的區域。在這裡表面上有多黨競爭、規律選舉、當選人執政，符合基本民主選舉的條件，但由於政府侵入了原本應該獨立的領域，使得國家權力過度擴張、人民的自由遭受侵蝕、資訊無法暢通、反對意見受到打壓，因此執政者掌握了極大的優勢，終而使得選舉成為空殼。俄羅斯從一九九〇年代的葉爾欽（Boris Yeltsin）到二〇〇〇年後的普金（Vladimir Putin），便是進入了「非自由式民主」和「競爭性威權主義」的陷阱。今天匈牙利的總理歐爾班（Viktor Orban）、在波蘭由卡欽斯基（Jaroslaw Kaczynski）所操控的法律與正義黨（PiS）政府，和土耳其的強人總統埃爾多安（Recep Tayyip Erdogan）也都是此一政體的代表。因此對於新興民主國家而言，最大的危險不是走回威權主義，而是滑入非自由式民主，或競爭性威權體制。

二、新興民主如何確保自由

在一個新興民主國家中，如何確保政治自由？很顯然必須要用法律限制國家的行為，因為國家擁有集體的強制力，是最有可能侵犯公民自由的。歷史上所有的民主體制，不論西方或東方，都是透過和威權專制國家的鬥爭才建立起來的。但是國家又是抵禦外侮、發展經濟和增進社會福利的主要機構，因此如何在國家的積極功能和公民的自由之間求得平衡，就成為每一個民主體制所必須面對的重大議題。對於缺乏民主傳統和制度演練經驗的新興民主國家而言，這更是最重要的功課。不過無論如何取捨，一個自由式的民主體制，總是需要捍衛公民的核心自由，這樣才能夠一方面保障基本人權，一方面為社會提供獨立空間、以維護民主體制於不輟。

具體而言，所有的政府都容易以情境需要為理由，要求擴大權力。此時為確保自由，便需要具備獨立機制。這樣的獨立機制通常包括行政部門中的獨立機關、部門間的分權和制衡，和政府必須尊重的社會獨立領域。例如在我國「中央選舉委員會」與「國家通訊傳播委員會」便是獨立機關，司法和監察代表部門分權，而學術與媒體則是特別重要的社會獨立領域（至於立法部門，則必然是政治競爭的一部分，有時候會和行政對立，有時候又會和行政一致，因此不必然是一個獨立機制）。無論是獨立機關、部門制衡，或是社會獨立領域，都需要獲得行政部門的尊重、獨立機制人員的自我堅持與期許，和社會的警覺與支持（包括反對黨的監督和批評）。這三個條件是缺一不可的。

臺灣由於是新興民主國家，因此無論是行政部門的尊重、獨立機制的自我堅持，或是社會的警覺與支持都是不足的。一旦面對強勢的政府、虛弱的獨立機制，和冷漠的社會，則在國家／自由的拔河競賽中，很容易就傾向國家的一邊，而以自由為犧牲。在這裡便出現了走向選舉決定政權、政權決定一切的「非自由民主」的可能。

三、政黨競爭

自由式民主體制一定是實行政黨政治，也必然有激烈的政黨競爭。執政黨通常有動機誇大國家所面對情境的艱難，和要求擴大行政權力。當然不同的政黨在其執政時會有不同的表現，而其追求權力的行為對於自由和民主也會產生不同的影響。不過總體而言，政黨競爭的情況越激烈，對於自由式民主體制的潛在威脅就越大。政黨競爭會受到內外各種因素的影響，其中激化能力最強的在內部是族群／認同的分歧，在外部便是國家安全的威脅，而如果這兩個因素相互連結在一起的話，則最會激化政治衝突。

臺灣當今的狀況便是內有族群／認同的分歧、外有中國大陸所構成的安全威脅，而這兩者又已經相當程度被連結在一起。臺灣的主要社會分歧和一般的民主國家不同，不是沿著左右（國家在市場中的角色）分成對立的陣營，而是沿著國家認同區別彼此（中華民國 vs 臺獨），並產生對兩岸關係的不同立場（統／獨／維持現狀）。在這個主要的社會分歧上，藍綠各據一方，並且將其動員成政治分歧。由於對岸堅持中國統一，並將其視為核心價值，因此對於臺灣在認同上的立場異常敏感，並明確地表示不排除使用武力，於是臺灣的社會／政治分歧便與國家安全掛勾，而且成為各政黨政治攻防的主軸。

此種圍繞著核心認同價值和國家生存的政治競爭，必然是極端激烈、難以化解的。臺灣的民主體制，因而受到最嚴苛的挑戰。

面對激烈的政黨競爭，如何才能維繫住臺灣的民主體制，這本身便需要獨立機制的裁斷。因此獨立機關（例如中選會、NCC）需要嚴守中立，不能讓任一方超越界線，破壞民主規範；獨立部門需要把持專業，不偏不倚（例如法官的獨立性不能受到政治的影響；監察委員亦復如是）；而高等學術機構和媒體更必須擁有言論與思想的自由，不能受到政治力的干預，公民也需要擁有公投等直接民主的手段，以真實地表達本身的偏好。這三組獨立機制，猶如政黨競爭怒潮洶湧中的三個安全島，只要能維持其穩固，便可以守護住民主的基礎，使得公民自由獲得保障，人民也能夠透過公平的選舉來決定執政者、或通過直接民主的形式來影響與參與決策，而也就是這些獨立機制所構成的自由之島，區別了保障公民權利的「自由式民主體制」和任由選舉決定一切的「非自由式民主體制」之間的不同。

四、「自由之島」的危機

臺灣的民主政治經由一九八〇年代末的發軔、一九九〇年代的制度化、二〇〇〇年以來的三次政黨輪替，而顯現了相當的成熟度。不但大眾接受選舉的結果，各項保障自由的獨立機制也似乎益趨穩固。然而究竟這是因為自由主義已經深入人心，還是因為主要的政治力量勢均力敵，故而節制了國家權力的施展，其實並不清楚。然而最近的發展，卻顯現了臺灣有可能逐漸由自由式的民主體制向非自由式民主體制滑動，令人不得不憂心忡忡。

就獨立機關而言，以往執政當局對於中選會主任委員的任命一向有所節制，希望能夠維持其獨立性，而不會令政黨傾向強烈的人士擔任此一關鍵職務，以免遭人訾議，而有損選舉的公正性；而行政首長對於NCC的主委也不至於公然表示不滿，或施加壓力使其辭職，蓋恐怕斲傷了NCC的公平地位，損及大眾傳媒的自由。這些獨立機關的防線，現在已經出現了崩壞的裂痕。就部門間的分權制衡而言，監察院似已出現黨團運作，監委不再是獨立行使職權，而監院對於司法部門的調查行動，也已經對於檢察官和法官造成壓力。至於「法官法」中所規定的評鑑機制，更有可能影響審判獨立，而為識者所憂心忡忡。至於在社會獨立領域方面，臺大校長的任命案具有特殊的意義，這和臺大作為臺灣自由主義的知識核心，以及數十年來許多高風亮節的學者在校園中所樹立的獨立典範是相關的。政府遲遲不願意任命臺大經由正當程序所選出的新任校長，造成了極大的社會爭議，以及國家干預學術自由的疑慮。在媒體的方面，「假新聞」的防制風聲鶴唳，一方面讓社會大眾警醒到隨處充斥著造假失實的報導，另一方面也讓人憂心政府對於批判性媒體所採取的態度和動作。

五、瞻望

自由主義並非萬靈丹，是否堅持自由其實繫於價值的取捨。然而，自由的確是臺灣多年來政治發展最甜美的果實，它已經成為中華民國安身立命的根基，也是全民共有的價值。在自由主義的內外環境不利、獨立機制受到侵蝕的當下，如何捍衛這個基本的價值，實在是執政者、反對黨，和所有民眾所應該一起關切的。要從根本上確保臺灣的安全，第一要務是維護住它的自由式民主體制，只有在這樣的制度之下，想法不一樣的人們才能夠相互接受，服膺於共有的理念。這種人心的凝聚，以及不願意接受任何非自由的制度選項，才是臺灣最好的安全政策。

被認同政治綁架的公民社會

施威全（倫敦大學伯貝克法律學校博士）

一、沒有自主公民，便不存在公民社會

倫敦政經學院公民社會中心對於公民社會定義如下：

公民社會指涉的是與共同利益、目標和價值有關的自主集體行動的場域。理論上，其制度形式與政府，家庭和市場不同……公民社會裡常見慈善機構、非政府組織、社區組織、婦女組織、宗教團體、專業協會、工會、自助組織、社會運動團體、商業協會、聯盟與倡議團體。

這個定義，為學界多所引用，例如Seitanidi、Shun-Hing Chan、Jaysawal，咸認為公民社會相對於國家機器而存在。但當公民臣服於有權者的國族或族群主義召喚，即不是自主公民，遑論公民社會。社運前輩蔡建仁詮釋二〇〇六年臺灣大選結果時，便指出：

> 原來，扁、長、菊一夥汙錢在臺灣人看來別有一番意義：那樣聚斂無度不可與國民黨等量齊觀，攏是為了臺灣人，攏是要保衛本土政權，所以要備戰、要儲備糧草，缺了糧草，如何打仗？缺了孫中山，如何選戰？出於民族大義，咱頭人的行為都可以理解，不理解也可諒解，同樣地，出於民族大恨，國民黨的黨產必須追回，追不回，咱頭人也可效尤。[1]

通過這一種詮釋學的方法，我們才能明白民主的底蘊，進而破除民主理論的教條，在那裡正如同在經濟學的教科書，都把人當做孤立、不沾黏、富有自我意志的個體，從而能夠做出理性、合公義的決定。二〇〇六年底的臺灣選舉宣告這種個人主義民主，或說自主公民是不存在地球的。[2]

蔡建仁的分析針對民進黨的支持者，他認為當選民屈從認同政治時，族群主義的價值高於廉潔等公義價值，政治人物只要是族群認同下的「自己人」，他們的貪腐可被諒解，不算上罪惡。蔡建仁說這是臺灣民主的底蘊。

當臺灣的選民趨附於認同政治，公民便不成為公民，同時，相當數量的臺灣公民團體並沒有因為其成立宗旨清楚揭示了目標與價值，便獨立於政黨與認同政治以外。以二〇一〇年的廢死爭議為例，總統馬英九所任命，國民黨政府的政務官，因為不願意簽署死刑執行令下臺的王清峰部長，她並沒有得到主張廢除死刑公民團體的有力聲援，如同史英所說：「竟然連一篇稍稍正面的評論都沒有找到。」[3]類似的情形也見於二〇一九

---

1 Maria May Seitanidi (2010). *The Politics of Partnerships: A Critical Examination of Nonprofit-Business Partnerships*. Springer Science & Business Media; Shun-Hing Chan (2011). "Rethinking the Role of the Catholic Church in Building Civil Society in Contemporary China: The Case Of Wenzhou," in Patrick Michel, Enzo Pace. *Annual Review of the Sociology of Religion*. Brill Publisher; Neelmani Jaysawal (2013). "Role of Civil Society and Its Impact on Social Capital," *Journal Of Humanities And Social Science* 11.1.

2 趙萬來（二〇〇七年一月二日），〈民主何處去？自主公民不存在地球〉，《臺灣立報》。

3 史英（二〇一〇）。〈人本論壇——從王清峰下臺說起〉，《人本教育札記》二五〇期。

年，民進黨政府修訂國安五法，如同動員戡亂體制復辟，對於公民團體的反應，賴祥蔚表示：「過去在國民黨執政時期經常為了新聞自由而批判政府的許多組織，最近不知道為什麼都安靜了。」[4] 賴祥蔚指出偌多公民團體面對國民黨與民進黨持雙重標準。到底公民團體與民進黨的關係為何？為何面對民進黨，其人權與公義標準便移動了？

前民進黨籍立法委員沈富雄解釋民進黨、支持民進黨的群眾與公民團體的關係時，認為臺灣基本上是個右傾的社會，臺灣群眾，包括民進黨的支持者，多屬於保守主義者（如圖一）：越是走到南部，民進黨的支持者越是保守，他們出奇但有力

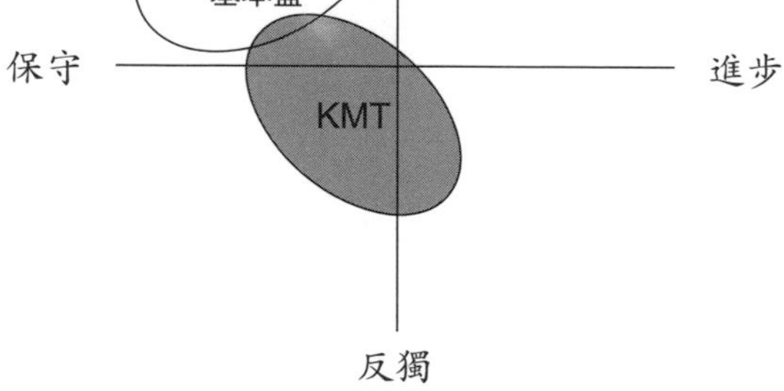

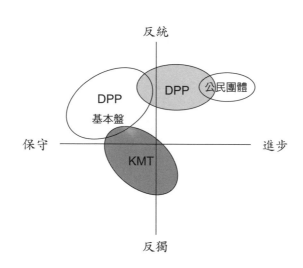

圖一：民進黨的矛盾與困境

地反廢死、反同婚、反通姦除罪、反一例一休……他們的主張與民進黨的菁英統治者，尤其是各公民團體領導人轉任的不分區委員完全格格不入。沈富雄認為，民進黨支持者的保守主義傾向，是民進黨遇到同婚、廢死等公民團體倡議的政策議題，便出現「髮夾彎」的原因。[5]沈富雄的圖說，說明了民進黨常處於政策立場選擇的困境，但也同時呈現了民進黨可以左右逢源，既討好其支持群眾，也不至於遭受公民團體的猛烈抨擊。為何公民團體可以忍受民進黨在價值上的背叛？沈富雄的圖說或可提供一項解釋：其圖說縱軸的統獨座標顯示，公民團體與民進黨是一致的，公民團體可以為了統獨而忍受民進黨在左右價值上的背叛，為了支持民進黨傾向獨立的立場，公民團體的價值標準是流動的。或者說，對於某些公民團體而言，反統一／傾向臺獨就是一種公義價值，他們可以為此項價值犧牲其他價值，例如人權。這類公民團體的政治選擇說明了臺灣政治的基本格局，統獨至為攸關而左右不重要。

學界的實證研究，例如朱雲漢及蕭怡靖、鄭夙芬也都指出國民黨與民進黨間的政治

4 賴祥蔚（二〇一八年十月二日），〈站出來捍衛新聞自由〉，《中國時報》。

5 沈富雄（二〇一七年五月二十三日），〈民進黨的矛盾與困境〉，《聯合報》。

競爭主要存在於國家認同的議題，而在經濟與社會福利議題上的立場則相對趨中。[6] 對於國民黨與民進黨的屬性，前總統馬英九在競選總統時的一篇專訪，談的最為扼要：「國、民兩大黨就歐洲觀點來看都是右派政黨。」[7]

政黨的國家認同是選民檢視政黨的重要標準，甚至凌駕其他價值的選擇。然而國家認同，不是單純、理性的臺灣前途選擇議題，而是混雜了複雜的族群認同；國家認同不是政策議題，是感情問題。吳乃德便如此描述臺灣的政治：「族群政治只有兩個族群，本省人與外省人。」吳乃德的經驗研究討論了何為本省人、何為外省人，他不從血緣、語言來區分，而是用政治族群此一概念，他指出：「由於臺灣認同的興起，本省人對外省人存有普遍的不信任感。這種政治上的不信任，是臺灣族群政治的核心問題，並沒有因社會關係的融合而消弭。『社會交融、政治隔離』是臺灣族群政治的本質。」[8]

二、被族群政治綁架的公民團體

亦即，認同政治下的臺灣，國民黨相較於民進黨，在臺灣認同此一項目上較不為「本省人」此一政治族群所信賴。吳乃德的論述可以解釋，當認同政治宰制臺灣社會時，即使國民黨執政的某些政策與公民團體的價值接近，公民團體也不會支持國民黨。例如馬英九執政時任用了王如玄，賴幸媛、楊志良等閣員，她們的政策作為在意識形態光譜上中間偏左，或者偏向自由主義，但並沒有得到公民團體的支持。在土地改革議題也是。馬英九任命的財政部長張盛和推動實價課徵、房地合一，但並沒有獲得住宅運動團體的支持。筆者曾當面詢問當時活躍於社會住宅推動聯盟的花敬群，為何他對張盛和的批評相當猛烈，而不是當張的後盾，畢竟張盛和進行的是極艱難的政治行動，是挑戰土地利益集團與派系的改革措施，李登輝執政時代，財政部長王建瑄就因推動實價課徵

6 Yun-han Chu (2005). "Taiwan's Year of Stress," *Journal of Democracy* 16.2: 43-57；蕭怡靖、鄭夙芬（二〇一四）。〈臺灣民眾對左右意識型態的認知：以統獨議題取代左右意識型態檢測臺灣的政黨極化〉，《臺灣政治學刊》二〇一四年一八卷二期。

7 原文：「馬英九還表示，有關政黨合作方面，國民黨與台聯黨倒沒有什麼衝突對立，李登輝日前宣布將朝向西方社會民主黨方向改變，假如台聯黨轉進成功也不是壞事，畢竟國、民兩大黨就歐洲觀點來看都是右派政黨，中間偏左這一塊是臺灣比較弱的，而且這一塊在世界各國政黨裡面是很大的一塊，台聯黨願意走這樣的定位，是在開拓藍海戰場，也不是壞事。」見《聯合報》（二〇〇八年一月三日）。

8 吳乃德（二〇〇二），〈認同衝突和政治信任：現階段臺灣族群政治的核心難題〉，《臺灣社會學》二〇〇二年四期。

被輿論批判為「外省人要搶本省人土地」，因而下臺，之後二十年歷經政黨輪替，國民兩黨怯於碰觸，直到張盛和。花敬群的回應是：「好不容易有個勇敢的財政部長，所以對張的要求當然要更嚴格。」這也是住宅運動團體在二〇一六年總統大選時的氛圍，在花敬群的「民進黨智庫土地及住宅政策小組召集人」身分公開之前，他拿社會住宅議題與土地議題檢視國民兩黨，似乎中立，但從不追打蔡英文競選時不敢面對土地稅議題的事實。大選結束，蔡英文當選總統，花敬群擔任內政部次長。這段社運人士變身、加入政府的故事，涉及個人的生涯選擇，無關是非善惡，卻也可以看出公民議題倡導者面對國民兩黨的標準並不一致。

公民團體把認同政治當作一種價值，也影響著年輕選民。洪耀南描述年輕選民：「透過臉書、PTT與各種社群平臺（接觸新聞），跟過往只能靠政府與大眾媒體餵養資訊，相當不同。他們除了不拘泥於藍綠立場，對人權、勞工、性別、動保等議題，都與年長族群的觀點不同」，[9]他們是公民團體網路動員的主要對象，這或許也可以解釋國民黨在年輕選票上的吸引力遠輸於民進黨。二〇一四年與二〇一六年大選是年輕選民關鍵性決定了選舉結果的例證，當二十至三十九歲年齡階層的投票率提高時，國民黨便慘敗。根據臺灣智庫民調資料，二〇一六年總統大選，二十歲至二十九歲的年輕人有百分之七十四．五有投票，投給蔡英文和陳建仁占百分之五十四．二，僅百分之六．四投給朱王配，宋瑩配則獲百分之十．四；三十歲至三十九歲，票投蔡英文也達百分之五十五．五，投給朱立倫僅有百分之五。[10]李縉穎的調查報導則說明，以桃園市、新竹市、臺中市與彰化縣為例，年輕人影響了二〇一四年地方選舉結果。[11]

認同政治影響公民團體的政治立場，也影響了年輕族群，進而影響了選舉結果。但認同政治貫穿臺灣政治生態，並不是新的事物，認同政治隨著臺灣民主運動的成長而茁壯。

黨外運動初起時，以美麗島雜誌社為例，被視為統派的陳鼓應與蘇慶黎都是活躍分子，美麗島雜誌社涵蓋了統、獨、左、右、老、中、青各類反對威權政權的人士，陳菊

---

9 引號內文字為洪耀南所說。見蔣金、蘇曉凡（二〇一四年十一月二十日），〈十五萬首投族，重組政治地圖？〉，《新聞e論壇》。

10 陳鈺馥（二〇一六年一月二十一日），〈臺灣智庫：年輕人投票率74.5%補刀終結國民黨〉，《自由時報》。

11 李縉穎（二〇一八年十一月十日），〈青世代出陣：從臺灣人口結構變遷看「年輕世代」的政治影響力〉，《風傳媒》。

在她的口述傳記對此有深刻的描繪。[12]但伴隨著黨外民主運動而起的社運，很快地就被認同政治所割裂，因為政治立場殊異，環保運動形成公害防治協會與環保聯盟兩個系統；工運有勞動人權協會與臺灣勞工法律支援會；[13]農民運動則分為農民聯盟與農權會。勞工運動、農民運動與環保運動的興起，代表了臺灣社會對於經濟發展過程中低糧價、低工資與高汙染的反省與反撲，但這三項以臺灣鄉村社會、都會勞工為主體的運動，都避免不了統獨爭論。民主運動成長，統獨之爭亦隨之升高，或者說，是獨的聲音高漲，從禁忌成為主流。民歌手楊祖珺曾說，戒嚴時期她常在民主運動場合唱兩首禁歌，現在其中一首，象徵臺灣意識的「美麗島」，已成為社會主流；另一首，「少年中國」，至今仍是禁忌，即使臺灣已沒有言論自由管制了，只有少數人敢傳唱。楊祖珺的說法鮮活地說明了族群政治的社會影響。[14]

三、因為族群主義而反華

認同政治與族群主義隨著民主運動而茁壯，族群主義同時也是臺灣民主化運動的養分。[15]民主運動在號召群眾反對國民黨的同時，把反對國民黨等同於反對外省籍統治者，把反對統治者等同於反對外省人，再進而衍申為反中國人，然後等同於反對在中國大陸的中國人與中國，也就是反華。在中國大陸的政權與中國人何其無辜，國民黨正是被他們驅離大陸的政權，結果在臺灣的族群政治裡，國民黨在臺灣的作為，到頭來帳都算在「中國」身上。

臺灣對大陸，從敵視、歧視到疑懼，從國民黨威權時代的「反共愛國」傳承至今成為反華，一以貫之。黨外民主運動把反共轉化成反中，「臺灣人出頭天」的族群主義召喚迄今仍然發酵，只是假想敵從外省人擴大為在大陸的中國人。中國大陸崛起的龐大身軀，其影子橫蓋臺灣上空，讓臺灣人民對兩岸交流猜疑，但也是國民黨權貴爭相朝貢的

12 林倖妃（二〇一七）。《花媽心內話：陳菊四〇〇〇天》（臺北：天下雜誌）。

13 自主工聯亦是臺灣勞工運動的要角，本文限於篇幅不討論。

14 筆者在二〇一二年於板橋林家花園，夏鑄九教授退休晚會上聽到楊祖珺如此談論。

15 筆者在二〇一五年時在媒體發表以下看法：「太陽花學運反服貿，有對全球化的批判，有對弱勢傳產的關切，但反服貿聲浪的壯大實是族群主義居首功。「投資600萬全家移民臺灣」、「滿街將是大陸口音」的謠言，撐起了反中的氛圍，這是去年我在學運現場以及隨後頻頻入校園與學生對談的感受。」見施威全（二〇一五年三月二十四日），〈臺灣如何健康自信面對大陸的身影〉，《風傳媒》。

圖像坐實了基層民眾的擔憂與不滿。

族群主義很方便地成為動員群眾的工具，這是太陽花運動壯大的養分，也是今日民進黨政府將國安五法修成動員戡亂體制復辟，而許多公民團體噤聲的社會基礎。

族群政治是臺灣政治無法迴避的問題，因為族群政治，兩岸關係變得與族群意識糾葛纏繞，兩岸關係不是理性的臺灣前途選擇問題，不是誰可以在法理上說清楚就贏了的問題，兩岸關係是感性、感覺的問題。只要有中國大陸這個對立面存在，認同政治就是臺灣政治的主調。

四、藉用「中華民國」詮釋臺灣認同

面對認同政治，有社運團體與左派政黨主張以階級概念解析臺灣社會，用階級取代族群，號召群眾，建立左翼政黨，但這路線多年來成果有限，左翼理念為聲浪日益壯大的臺灣認同所遮掩，只是臺灣政壇的邊緣。不願為認同政治綑綁而因此失去政策辯論空間的右翼政黨，該如何面對無可迴避的認同政治？或者非民進黨的政治力量該如何面對被族群政治所禁錮的公民團體，以便創造寬廣的政治辯論場域？筆者試著提出三點兩岸

關係的主張：[16]

一：政治上，多強調中華民國是個主權獨立的國家。

「九二共識」有其法理基礎，但其法源，也就是一中憲法，在道理上講得通，但在現實有荒謬感，無法面對全世界多把一中當成中華人民共和國的國際現實；在情感上，對年輕族群缺少號召力，無能因應認同政治。多強調中華民國是個主權獨立的國家，是藉用「中華民國」此一臺灣社會（面對中國大陸時）的共識，用中華民國認同來回應並詮釋臺灣認同，不讓臺灣認同為一黨所獨占。事實上，馬英九任總統、賴幸媛任陸委會主委時，都曾多次聲明中華民國是主權獨立的國家，中國大陸官方未曾接受但也未曾公開反駁。

二：經濟上，兩岸交流多做少說。

如今兩岸經貿交流，再怎麼做，不可能像ECFA早收清單帶來巨大的成效。經貿交流如果能轉化為政治上的選票，國民黨就不會失去政權。何況，經貿交流數字小，不好看；數字漂亮，又顯得大陸財大氣粗。兩岸經貿，應該做，但拿來宣傳，不管數字真

16 以下部分文字筆者曾分別發表於《聯合報》、《端傳媒》與《風傳媒》，限於篇幅不一一加注。

偽，並不聰明。反而是大陸官方比部分國民黨人聰明，已了解用官方力量硬撐的對臺採購觀感差，逐漸透過市場機制深入基層來互動。

五、臺灣文化大膽西進

三：文化上，大膽西進。[17]

面對臺灣認同，不需大喊中華民族，教條而無感的口號，放在心裡默唸、偶爾說給中國大陸與深藍群眾聽就好。當臺灣社會四處可見關公與媽祖時，無須擔心臺灣會離所謂的「中華文化」而去。特別寄語國民黨，國民黨該如何扮演忠誠於臺灣人民的反對黨？不成為大陸對臺的棋子？國民黨必須理解，兩岸間的紫金山、國共論壇彰顯的是少數臺灣人的利益而不是讓人驕傲的臺灣風貌，更不是千萬來臺陸客見證的臺灣印象。當大陸民眾熱烈關注「愛滋村」、「穹頂之下」的當下，當有大陸媒體人與年輕人關注臺灣青年李明哲時，國民黨大老們赴大陸的身影多麼老舊。未來國民黨要盡力推動和大陸環保運動的柴靜見面，和關心愛滋病的萬延海見面；要大膽西進。兩岸交流不是帶著自己兒子去和習近平握手，不是封閉的，大企業與政治人物才能參與的交流。國民黨看到的大陸，不能只有大財團、握有政治權力的人，要看到大陸的真實面貌。大陸也有對社會環境充滿熱情的年輕人，不擁抱大陸，但寄望大陸的年輕人。高舉臺灣經驗面對大陸，這樣的身影，才有資格代表臺灣人民。

17 此點筆者參採林正修的研究創見。

民主社會的媒體
——臺灣媒體與善的距離愈遠、與惡的距離愈近？

彭芸（國立政治大學傳播學院兼任教授）

前言

世界愈紛亂、愈複雜，人們對新聞的需求有增無減，但從二十世紀的大眾媒體時代，進入二十一世紀的平臺紀元，人們隨時從手機、平版、電腦上獲得資訊，並與之互動，從大家熟知的部落客、公民記者，到現在的網紅、直播主，傳統新聞媒體的經營模式受到網路根本的挑戰，全球新聞媒體的困境皆然。

幾百年前，報紙以「新聞」起家，一般認知，沒有新聞，就幾乎不能稱為報紙，電視「節目」或「類型」中，「新聞」只是一部分，而衛星頻道中的「新聞頻道」，主打新聞，就有即時新聞、專題報導、人物專訪等，但環繞的還是「事實」，而非「非事實」的創作。而今，進入「後真實」紀元，[1]「假新聞」（fake news）成為政府、政治人物批評不利於己報導時的慣有語，很多人只相信自己願意相信的，並在同溫層中轉貼，彼此加強。同時，假新聞處處，流傳的速度又較純正新聞快多了，[2]傳統新聞媒體所建構的新聞制度受到嚴厲挑戰。二十一世紀初，因為網路、因為新傳播科技，人們熟悉的二十世紀之民主與媒體關係，根本改變。

一、民主社會提倡的新聞功能

新聞與民主的關係，討論不知凡幾，民主與新聞之間為一種社會契約關係：簡單說，政府尊重、保障言論自由、表意自由，媒體獨立，免於政府控制。[3]

二十世紀，兩次大戰，戰後新興國家追求民主，多以英、美民主作為典範，但是民主需要監督，所謂「第四權」在新興，或是共產國家，前者，沒有土壤；後者，不允許獨立媒體。所以二十世紀後半個世紀，人們眼見英美知名的新聞媒體，如《紐約時報》、《華盛頓郵報》、《泰晤士報》、《衛報》等印刷媒體，以及後來普及的電子媒體，確實對民主政治有其不可磨滅的貢獻，否則，尼克森總統不會下臺，許多政治人物的不忠、醜聞，不會被揭發出來。

但是經營新聞媒體需要經費支持，歐美國家因為公民社會相對健全，對於支持自由而獨立的媒體有起碼的認知與行動。第三世紀國家為何難有呱呱叫的新聞媒體，一是獨立時間短，經濟發展、社會共識等較民主更為急迫；與之有關的實為媒體制度建立的不易，沒錢沒人，執政者又不時給予各種干預，想要監督政府，既使有心，也無力達成，更別說，威脅利誘，獨立媒體，談何容易？

---

1 牛津大辭典對「後真實」（post truth）一詞的釋義是：「它指的是這樣一種情形，客觀事實對觀點形成的影響力落於情緒和個人主見的左右。」

2 https://www.niemanlab.org/2019/07/what-sort-of-news-travels-fastest-online-bad-news-you-wont-be-shocked-to-hear/?utm_source=Daily+Lab+email+list&utm_campaign=5fe9c6a0a2-dailylabemail3&utm_medium=email&utm_term=0_d68264fd5e-5fe9c6a0a2-395990897.

3 彭芸，《數位時代新聞學》（臺北：雙葉，二〇一七）。

二、新聞的功能與新聞專業義理的追求

Kovach & Rosenstiel[4]認為新聞扮演的功能是為了：「提供資訊使人自由與自我管理（to be free and self-governing）」。類似的說法即「新聞的主要目的為告知真理，如此民眾就擁有自己需要自我管理的資訊」。[5]而新聞媒體強調公正、中立，如此方能提供正確、客觀的資訊，新聞媒體的使命，以及社會對其之期許皆基於此。

這種規範性的說法在線性、單向的大眾媒介時代，確實相當理想，但是制度化新聞學也讓一般「庶民」難以發聲，因著數位科技的普及，情勢丕變，數位科技的確可以讓人們在接近以及互動上更為「自由」與「庶民化」，自由的接受訊息、自由的上傳、轉貼、表達意見，甚至成為自媒體，創立品牌。

同時，自從美國二〇一六年選出川普總統，他一向對傳統新聞媒體表現不滿，自己利用推特不時發表意見，上任後，對許多批評他與其政策的新聞，直接封為「假新聞」（Fake news）。假新聞就成為這三年各國政府、政策、媒體、民眾中最夯的一個現象，只要不喜歡的，直接就送一頂「假新聞」的帽子，所以「後真相」時代的新聞，何者為真？何者為假？

其實，人類自有記載開始，真真假假、假假真真，史籍中有多少是真的？同樣的，從有新聞開始，新聞是人記載的，真實性究竟為何？只不過，過去從事新聞工作的，總會期許自己盡量追求真實，經過兩、三百年新聞紙普及、識字率提升，報紙成為大眾報紙、新聞制度化，美國為首提倡新聞「恆久價值」（enduring values），包含查證、公正、客觀、品味等，歷史不過一百多年。

新聞漸漸成為專業，專業、義理讓新聞工作者的地位提升，而記者為了個人信譽，總在有限時間、條件下，報導所謂「真實」的發生（fact finding），以及來龍去脈，而新聞媒體為了爭取大眾的支持，也多在守門、查證上，有許多專業的要求。為的是培養讀者、閱聽眾，繼而爭取廣告主的信賴，不離不棄，方有能力對抗政治力量不時的干預。

二十世紀西方國家民主與媒體彼此制衡，兩者關係時而融洽、時而緊張，也就進入

---

4 Bill Kovach, Tom Rosenstiel. *The Elements of Journalism: What Newspeople Should Know and the Public Should Expect* (New York: Three Rivers Press, 2014), p. 12.

5 彭芸，《數位時代新聞學》。

二十一世紀。隨著新傳播科技的普及，政治人物可以直接訴求選民，不必然要爭取傳統媒體的青睞，碰到傳統媒體的監督或批評，不滿意時就稱之為「假新聞」，更使閱聽眾對傳統媒體的信任降到最低。學者李金銓[6]文中就指出「傳統媒介的空間受到新媒體的逼壓，發展極為困難，圖存之道在於及時改變經營策略、技術手段和新聞運作，現在是西方媒介專業主義幾十年來的最低潮，恐怕正滑落到底線的邊緣」。

三、臺灣媒體發展與規管困境

經過三十八年的戒嚴，臺灣報禁解除迄今也經歷幾個階段：先是解除報禁後的百花齊放；[7]開放頻譜與解除限制，新增的無線電視與有線電視加入市場，一時好不熱鬧，但是廣告與閱聽眾的飽和，使獲利下降。

二〇〇〇年政黨輪替，組織改造後新聞局走入歷史，新成立的獨立機關國家通訊傳播委員會（二〇〇六年二月二十二日），原是不錯的理想，然而一開始就有來自政治的干預（當時朝小野大），多少影響這新生兒的健康成長，沒人沒錢，確實不好施展；同時，電信與廣電的匯流必須修法，既有業者的不配合，加上民眾習慣吃到飽，網路普及，OTT上許多不要錢的內容，改革不易。二〇一六年，再度政黨輪替，現在國家通訊傳播委員會的正、副主委都已去職，先不討論理由如何，如果只是因為規管假新聞不力，就更凸顯政治介入獨立機關之惡。

媒體內容的規管從來不是一件簡單的事，而近年臺灣政治對立，民主的道路跌跌撞撞，過去戒嚴時期對媒體的控管，並不適合解嚴後的自由氛圍，而老舊的廣電三法，一直無法新修通過，新的匯流法也不為外界看好，時光蹉跎，網路上各種真真假假資訊跑得特快，使用者也習慣主動在網路上與世界接軌，主管機關束手無策。

臺灣媒體更因為走商業機制，依恃廣告為主要財源，現在網路與跨國企業（Google, Facebook）分食了過半的廣告，傳統媒體為了生存，要謹守新聞專業主義，確實困難，資深記者離開新聞工作，年輕記者經驗不足，錯誤時時發生，也未必就是假新聞，但錯的就是錯的，已經造成傷害。加上一些媒體主其事者的政治偏好，難免讓過去戒嚴時期政治影響媒體生存、發展的幽魂再現，有識者莫不引以為憂。

---

6 李金銓，《傳播縱橫：歷史脈絡與全球視野》（臺北：聯經，二〇一九），頁六七。

7 彭芸，《NCC與媒介政策：公共利益、規管哲學與實務》（臺北：風雲論壇，二〇一二）。

這本是一個「雞生蛋、蛋生雞」的問題，商業媒體要存活，廣告要夠，使用者要夠支持，廣告主看收視率與發行量，麻煩的是：閱聽眾、使用者現在可以選擇的平臺、通路太多，自己也可以成為自媒體，如果一個健全的公民社會，有不同機制可以平衡緊張關係，情況還不至於惡化太快，偏偏在「民粹」當道的今天，許多公民團體、公共知識分子噤聲，既使如歐美許多民主發達的國家，也面臨「民主國家如何死亡」（How Democracies Die）的困惑。

結語

民主理論每每強調以公民為主，但在實踐上，公民的聲音其實常不易露出，只有在選舉時，公民手上那一票，會被政治人物珍惜。現在因為傳播科技的便捷，公民的參與一時好不熱鬧，但在民粹當道的今天，政治人物會用新媒體煽動民眾的情緒，其他如網紅、直播主，或因為個人理念，或因為其他目的，在平臺上或公或私的產製內容、製造聲量。

在求新求快求變的今天，上一秒的新聞會被下一秒的上傳所否定，傳統新聞媒體難以查證，查證需要的時間與金錢，現在都變成「奢侈品」，沒錢少人，加上時間不夠，假新聞處處，新聞當事人、影響到的利害關係人，都在這種惡質的環境中日夜掙扎。

民主是一種價值，新聞亦是。珍惜其價值者，會努力維護之，民主如此，新聞亦然，對不珍惜者，既不真，又何能求善？事實的真相並不容易確認，在一個「後真實政治」、「後真理時代」、「後真相民主」（"post-truth politics", "post-factual democracy"）[8]的情境下，新的挑戰陸續出現，政治人物為求勝選，攻擊真相，製造假新聞，偽造、變造樣樣來，公民社會深處險境，公共知識分子難覓，傳統媒體勉強度日，新興媒體一味迎合使用者與廣告主，置「公共善」於不顧。當酸民、鍵民製造聲量，假新聞、偽造真相幾乎掩蓋公民社會的基石，更需要回到真誠價值的追求與堅持，不信公理喚不回。

8 Godler & Reich, 2017

學術自由與民主

陳淳文（國立臺灣大學政治系暨公共事務研究所教授、中央研究院法律學研究所合聘研究員）

前言

過去我們長期沉溺於「亞洲四小龍」的稱號，習於以自己的經濟發展成就為豪。其實中華民國迄今的民主法治發展成果，遠比經濟發展成就更為重要；因為要讓國家富起來不算特別難，現今亞洲各國大都也逐步走上富有之途。真正困難的是除了溫飽之外，還要能夠進一步建構民主法治社會。而民主法治價值與其理念的滋長、宣揚與實踐，就像所有的知識、價值與文明的生成與傳承一樣，都必須要以學術自由為前提。只有在不論是國家政治權力部門還是社會部門，二者都能對學術自由抱持尊重的態度，經濟與民主法治才有可能二者皆逐步發展起來。然而，企圖影響或甚至是抑制學術自由的力量始終存在，且此股力量的消長往往決定了國家社會整體的榮枯。

一、學術、文明與大學

學術研究活動是人類社會進步的動力，也是締造文明與促使文明演進的推手。沒有學術研究自由，知識無法滋長，文明無法演進。中古歐洲近千年的宗教控制在相當程度上阻礙了學術發展，例如因宗教因素禁止人體解剖而阻礙醫學進步，就是最好的例子。反之，在逐步解除宗教桎梏之後，歐洲開始蓬勃發展，以極快的速度推動文明演進，並主宰全球事務數百年，迄今不墜。歐美國家之所以能引領文明發展，正是因其能締造一個學術得以蓬勃發展的自由空間，使得這些國家能產生思想並擁有知識，進而擁有了宰制全球的力量。

除了自由的發展空間之外，學術研究還要有基本的經濟條件與社會條件為其前提。先就經濟條件而言，其實就是兩種經費：一是研究者自己生存所需之經費，一是研究工作所需之經費，也就是包括器材、設備與人力等各類經費。作為思想家，或是人文社會科學研究者，研究所需之經費相對較小；但若是科學家，往往研究所需之各類經費極為龐大，遠非個人所能承擔。包括大學在內的各類學術研究機構的設置，將學術研究從原本是「個人化」與「非制度化」的情境，轉變為「機構化」與「制度化」，此與科學研究所需之經費龐大密切相關。再就社會條件而言，思想的散播與知識的運用，需要存在公共論壇（精神與意見市場）與自由經濟市場（物質市場）等兩種市場。公共論壇作為思想散布與意見交流的精神平臺，讓分享、辯論、批判與對話成為可能。如此得以產生思想與知識，促進文明演進，讓人們得以更接近事實與真理。自由經濟市場則是一個開放的競爭環境，讓各類知識的運用得以在自由競爭市場上檢驗，市場的回饋既是研究者努力之報償，同時也能引導研究的更新與深化。

在另一方面，因為學術研究能產生知識，而取得與掌握知識就是掌握力量。若是能夠成立研究與教育機構，其既可掌控思想與知識，亦能聚集研究者與培訓菁英；此自然成為各方勢力所高度關注之事項。西方之「大學」正是在此背景下，先由宗教勢力所設立，希望透過神學研究統一天主教之思想與教義，並且透過教會所設置之學校傳遞教會的官方思想。歐洲中世紀大學之設置，往往需要取得羅馬教會之特許，同時也要得到大學所在國之國王的認可。國王認可的內容，就是承認大學在王國之內享有獨立自主的特殊地位，不受王權直接管理統治。在教會的羽翼下，大學不受世俗權力（即王權）所管轄，但其用於對抗王權的獨立自主地位，在一定程度上亦得以排除教會的干涉。

大學及與其類似之教學研究機構的存在，使得學術研究得以滋長與發展。大學一方面提供研究者之生存所需，另一方面也提供研究者之研究所需；更重要的是大學的獨立自主地位使大學自己成為一個公共論壇，讓各種思想與研究成果得以自由公開散布。換言之，具獨立自主地位之大學，同時得以滿足學術研究所需之經濟條件與社會條件，因而成為西方學術研究的核心，人才培養的重鎮。對於人類之知識與文明而言，大學的存在一方面得以負責「生產」（知識、思想與研發成果），同時也肩負「傳遞」（教學與發表）與「保存」（大學出版社、圖書館與博物館）的功能。

二、民主對抗學術與大學

歐洲中世紀所設立之大學，皆早於近代民族國家興起之前。其演進歷程乃是逐步排除教會勢力與國家勢力的干擾，以學術研究與教育為其存立基礎。所謂學術研究，包含追求真理、創造知識與散布思想。所謂教育，即是培養知識菁英，也就是要培養擁有知識，並且能獨立思考的理性批判者。然而不論學術研究還是教育，在本質上皆與民主原則相互牴觸。

民主最簡單的理解就是一種決策程序，在平等基礎上，以一人一票，票票等值的投票原則決定公共事務。民主考量的重點是「量」（票數），至於在「質」（人的思考與意見）的面向上，則假設人人平等，無智愚之別，故票票等值。然而學術研究與教育恰恰是僅考慮「質」的面向，因「質」之不同，亦即是優劣程度之差異，因而產生階層化與位階化。基於「質」的階層化，「同儕專業評價原則」才應是此二領域的運作原則。學術研究成果的評價與學生學習成果的評價，都必須以專業品質之優劣為其評價基準，與「量」完全無關。

然而隨著民主化在各個領域發展，學術與教育亦為民主化所籠罩。特別是在教會勢力式微之後，民主社會下的政治力（國家）與經濟力（企業資本家）紛紛搶進大學與類似之教研機構，以期掌握知識，進而掌握力量。國家與資本家在財務上挹注經費，但同時也透過經費分配與運用引導大學之運作，決定研究議程，乃至於主導知識與思想之發表與傳遞。然而政治力與經濟力基本上都是「量」的概念：前者是選票，後者是鈔票。任何政權的執政者都有想要掌握知識生產，控制知識分子，並想要透過教育來培養政權的效忠者；因而他們都有染指大學與其他教學研究機構的自然傾向。從控制設立，控制人事，控制招生，控制課程，控制經費，控制研究方向，乃至於控制內部行政等，不一而足。同樣的，企業財團透過捐款也想介入前述各領域；尤其希望大學之研究成果可以轉換成工業生產技術與商業運用，以為企業財團創造利潤。政治力與經濟力的夾殺，使得大學本該擁有的獨立自主空間日益萎縮。此外，民主化社會下的大學，必須敞開大門，迎接具平等地位之公民。大學的教育使命已經從培養具理性批判能力之社會菁英，質變成培養具專業生產能力的技術人員。大學開始接受為數龐大的學生，並以他們畢業後的就業考量作為大學教育的最主要目的。不僅國家與企業廠商成為大學的顧客，連學生也成為大學最主要的顧客。大學不僅必須回應其顧客之所需，甚且應以其顧客之意志為其意志；因為顧客永遠是對的。

在民主原則的衝擊下，「教育民主化」與「校園民主化」成為一種新的訴求。不論是由家長、學生與社會團體介入課程與課綱之規畫，還是大學內的教職員生大幅介入校內各類事務，皆是以民主之名將原本應有的「階層化關係」與「同儕專業評價原則」予以嚴重破壞。主張教育民主化的說法，是要由下而上，將教育選擇權還給家長，學生與社會；例如由學生參與課綱之修訂。至於校園民主化則更嚴重侵蝕學術自由與學術發展；例如一場學術演講或研究成果發表，基於專業因素，「講者」與「聽眾」之間本就應該存在一種階層化關係；前者的位階應略高於後者，即便「聽眾」是同儕且同行。當一場學術演講因部分師生之抗議與阻撓而被取消時，表面上看是校園民主化的結果，實質上是打破階層化關係與同儕專業評價原則；由「聽眾」，甚至是「第三者」（原就不想聽此演講之師生）來決定學術活動能否舉行。本應作為一個公共論壇，容許各種多元思想與意見之發表與對話，卻因師生所發動之民主抗議，反而使校園成為抑制思想與言論的祭壇。同樣的，大學校園內的各類選舉、各種會議之議決程序、乃至教師之評鑑等，皆以民主之名由校內外各方力量介入，拉平階層化並架空同儕專業評價原則，其最終後果將嚴重戕害大學的「生產」與「傳遞」功能。至於校內各類精神象徵或實體象徵，諸如校名、校徽、校訓或校歌的決定或修改，建築物、塑像或廣場之命名與存廢等，皆以民主之名由師生之數量來決斷；大學的「保存」功能似乎也得向民主低頭。甚且未經任何形式民主程序，部分師生即遂行拆校徽或毀雕像等具體行動，完全無視保存功能的意義與其重要性。

三、網路時代的民主解構公共論壇

學術研究本身，以及作為承載學術研究最主要機構的大學，都需要一個得以自由開放發表與交流對話的介面或平臺，讓研究成果得以發表、散布，並接受各方批判或促進相互討論。唯有如此，學術研究才能不斷演進與創新，人類文明也才有進化的可能。基此，整個社會必須在精神上是一個自由開放空間，如同一個「自由開放之意見市場」或是「公共論壇」，讓各種思想與言論得以在此精神市場上盛開綻放。如果整個社會基於各種理由不能形成一個自由開放的公共論壇，則至少作為社會良心的大學，自己必須是一個公共論壇。即使社會不是，而僅有大學才是自由開放的公共論壇，基於大學與其所處社會的互動與公共論壇的外溢效果，其亦能帶動文明演進與社會發展。這也就是為什麼專制或威權體制的轉變，通常要具有一定程度獨立性之大學或研究機構的存在，由其學者提供體制必須轉變的論述與想法，以此影響社會，進而帶動政治體制之轉變。

理論上，民主化社會即是一個自由平等的社會；不獨是大學而已，甚且是整個社會都是一個自由開放的公共論壇，各種思想與言論皆得以在民主社會中自由地被發表與進行交流。然而不幸的是：自由市場可能失靈。在經濟（或物質）市場上，獨占、寡占或不公平的競爭手段，通常會造成市場失靈，故而需要外部力量介入管制，以矯正並恢復正常的自由競爭秩序。但是在思想與言論的精神市場上，原本應有的階層化關係與同儕專業評價原則因民主化與網路化發展而被打破，於是出現雖自由卻失序的公共論壇。精神市場上的失序與失靈，表面上看是既自由又平等，實質上卻可能演變成霸凌與箝制非主流思想或少數意見，進而形成一種新形態的「民主專制主義」，解構了公共論壇。

民主化與網路化發展在精神市場上出現「資訊爆量」、「極速傳遞」與「完全自由」等三個過去沒有的新特徵。過去能夠在精神市場上出現的資訊，都是經過傳遞媒介的篩選，其質與量皆有所限制。而今，任何人在任何時候皆可在社群網絡上無限次數地散布其思想、言論或各類影音資訊。這種完全自由的精神市場環境導致了資訊爆量，人人皆被淹沒在無盡無邊的資訊大海中。更可怕的是資訊傳遞的速度乃在彈指微秒之間，並可以一對多與多對多的方式同時傳遞。在此背景下，網路世界裡的公共論壇逐漸成為「網軍」與「基本教義派」的禁臠，因為只有他們才有強烈的動機在此論壇上製造並發布資訊，進而形塑聲量。此外，為了快速製造並發布訊息以形塑聲量，同時也為了讓受訊者能快速吸收其所欲散布之資訊，網路資訊通常是缺少依據或簡化論述，有時甚至是蓄意誇大、扭曲或偽造論據，以圖片，影音檔或懶人包的方式散布。如此特別容易讓受訊者以其本有之刻板印象，加上簡化或扭曲的網路資訊而形成其新認知。再者，基於時間的有限性以及網路媒介的運算模式，人們逐漸習於自己取得資訊的路徑，形成所謂的「同溫層效應」或是「回音室效應」。人們在同溫層裡取暖，在回音室中強化自己的認知。於是教育與知識水平與個體之認知脫鉤，社會之集體認知或共同信念可以透過特定力量來蓄意操控或形塑；而自由平等且開放的民主逐步變成民粹當道，一種以偏見及輕信來引導行動的民主。

在偏見輕信的民主體制下，精神市場失序失靈，包括大學在內的公共論壇被解構。當大學內的部分師生趾高氣昂地包圍演講會場，企圖阻止或干擾一場演講活動時，學術自由的重要性與專業知識的尊嚴都被踩在校園民主的腳下。同樣的，以簡化的論據在網路上進行快速連署，企圖以集體連署所呈現的聲量來主導輿論，或是壓制不同意見；亦是另一種「以量制質」的集體霸凌手法。

結語

權力，特別是以君王或國家為載體的公權力需要被節制，此乃千古不變的真理。而

「法」與「學術」，正是節制公權力最重要的兩股力量。過去以「神法」或「自然法」來節制君王行止，在神法由人法所取代，進而行政首長民選，且國會以民主方式選出其成員並制定法律後，公權力已經民主化。但即便是民主化的權力依然需要被節制，而節制公權力，也就是節制民主最主要的兩股力量變成是「司法」與「學術」：「司法獨立」與「學術自由及大學自主」成為建構民主社會所不可或缺的平衡器與防腐劑。司法與學術都應有抗多數與反民主之特質，並必須與各方勢力與各種利益保持距離，以維持其中立與獨立之地位。

當執政者及其信徒，以及具偏見輕信性格的群眾挾民主多數之勢，張牙舞爪地威嚇學術自由，無所顧忌且粗暴凶狠地踐踏大學自主時，就是民主正逐步走上崩潰之途，文明正陷於危機之中。納粹德國所造成的慘劇，實殷鑑不遠。

唯有將「司法」，「學術與大學」皆排除於民主原則的管轄之外，吾人才有可能認清各種潛在的「民主之惡」；進而才算真正認識民主，也才能因之而更接近理想的民主。

附錄

圓桌論壇（節選）

時間：二〇一九年七月十四日
主持人：馬英九（馬英九基金會董事長）
與談人：江宜樺（長風基金會董事長）
周錫瑋（前臺北縣縣長）
蘇永欽（政治大學講座教授）
嚴震生（政治大學國關中心研究員）
朱雲漢（中央研究院院士）

馬英九：江董事長、各場次的主持人、周錫瑋先生、嚴震生研究員、大家好。我們從早上一直到現在討論了七、八個小時，把民主政治有關的各個層面、從轉型正義、獨立機構，再加上公民社會來探討，我相信大家跟我都覺得這是場精采的討論、也學到很多。最後的階段，就特別請這幾位與談人針對今天的會議做評論。

嚴震生：謝謝長風基金會的邀請。總統，院長，很高興有這個機會來分享。

我們今天討論的題目是臺灣和民主的距離，我想從國外各種的指標來看。因為我做非洲，很幸運的是，過去二十年有各種的指標不斷的出現，不像我在讀博士的時候，就只有一個自由之家的指標在那裡，現在真的多了很多。我想跟大家稍微介紹幾個指標，然後我們看看臺灣的表現。

第一部分是臺灣被算在裡頭的指標，譬如貪腐程度的指標，臺灣在一百八十個國家裡頭，二〇一八年大概列在三十一名左右。第二個是民主的指標，分成四個，剛才我們有討論到真正的公民自由民主，我們臺灣現在算是Flaw Democracy就是有點缺陷的部分民主。我們大概在一百六十七個國家，排名三十三。

第三個就是自由之家所謂的新聞自由，我們剛也提到新聞自由在民主裡頭非常重要。我們在兩百個國家，大概是四十多名。第四個就是同樣是自由之家幫我們列在所謂的世界自由的程度，分成自由、不自由跟部分自由。臺灣大部分的時間在解嚴之後都走向自由，只是我們真正到最高分，就是在政治權力跟公民自由兩方面，到頂的是最近兩年的事情。那我也不知道為什麼是民進黨執政之後，我們的Civil Liberties就是公民權利就變成一了，之前都還是二。

第五個、是所謂的Global Peace Index就是世界的和平指標，臺灣在一百六十三個國家裡頭，大概排名第三十六。這裡頭有討論到幾個東西，一個就是我們臺灣軍人參政的程度Militarization，第二個Safety and Security，第三個是Domestic and International Conflict，我們這個排名沒什麼比較、也沒什麼爭議。

最後一個就是無疆界記者組織，Reporters Without Borders所做的Press Freedom。這個也是做新聞自由，這個部分，我們在一百八十個國家裡頭，大概排四十二，這是二〇一九年的調查。

另外還有一些很重要的指標，但臺灣沒有在裡頭。比如說OECD，這個是對司法體系信任的程度，但因為臺灣不是OECD的會員，所以沒有評估。另外，還一個叫脆弱國家指標，這個我們也沒有在裡頭。還有一個，就是聯合國的，這個Human

Development Index，這個人類發展指標，我們沒有在裡頭。那還有世界經濟論壇談到司法獨立的指標，我們也沒有。最後就是一個法治的指標，Rule of Law 是由 World Justice Project 所做的，我們也沒在裡頭。

這些都是 Quantitative，都是量化的東西。對我們做研究來講，太棒了。這麼多數字在那裡，我剛還沒有提到很多，像經濟自由等等，所以就可以讓我們來看，民主國家是不是一定不貪腐，因為有貪腐指標，你可以做很多。這就是我們講說數據的 Manipulation 可以做出很多。但是還有一些較 Qualitative Report，包括臺灣，就是他們做的質性報告中，有臺灣的部分，比如說 Amnesty International 國際特赦組織，它關心臺灣大概就是幾個議題，一個就是同性戀的議題，一個是死刑的議題，還有就是有沒有難民向我們 Asylum，也就是申請庇護。這方面的討論，之前李復甸前監察委員提到兩個死刑的案件，都是有關的部分。

另外就是美國國務院每年會公布對各國的人權報告，這個人權報告，臺灣以前在國民黨威權時代是非常怕的，因為報告的都不是很正面。那現在當美國開始對大陸批判之後，大陸也做了美國的人權報告。大陸就是把所有美國那種小鎮的地方的報紙上說，某某警察又打了什麼黑人，又什麼，全部集結。才說：哇！洋洋灑灑。好！美國的人權好差。所以在大陸也在做這個。

另外就是我們講Qualitative，質化的報告，沒有包括臺灣的，就像是這個Human Right Watch人權觀察機構，每年也有報告。

在這麼多報告裡頭，我很快提出幾個問題。第一個就是，剛才我提到的在Freedom of the World這個世界自由報告裡頭，為什麼我們在二〇一六年以後變成一和一？那之前都是一和二。

第二個在民主指標裡頭，我必須要提一下，就是我們很多數據都沒什麼太大的變化。譬如我們的民主程序跟自由度，在這個調查中，現在大概是九．五八的分數。然後Civil Liberties這個公民自由度現在是降了一些。但基本上，沒有什麼太大的變化。另外就是為什麼我們的政府從二〇一四到二〇一六之間，政府的效能還在進步當中？好像這個跟我們一般的民眾印象不太一樣。

而第三個問題，我提出來就是，在世界無疆界組織提出來的新聞自由裡，對不起我要提一下，我們在二〇一九年是四十二名。那我做非洲研究的時候，我就說非洲好多國家比我們新聞還自由。納米比亞排名二十三、維德角排名二十五、迦納排名二十七、南非排名三十一，連不屑跟我們繼續保持邦交的布吉納法索三十六名，比我們四十二名還高。所以我們以前笑我們的邦交國，我覺得不應該笑。下面同樣的。這個自由之家做的新聞自由，前面那個無疆界記者組織，因為覺得太平洋島國太小了就不做。但這個自由之家的調查有做太平洋島國跟加勒比海島國，我們排名在這些國家之後，我們排四十幾名。聖露西亞排名第十二名、帛琉排名十二、聖文森排名十八、馬紹爾群島排名十八、聖克里斯多福排名二十七、貝里斯排名三十三，都超過我們。所以我們常常說總統要出去搞和平民主之旅，要推動臺灣價值。結果一看，這三個國家比我們還要自由。這是一個滿大的諷刺啊。

那最後我想提個問題，就是如果去看Qualitative，就是那種比較質性的報告，對臺灣常常並不是很公允。我自己教書，大概都清楚。就是來自於美國的，通常對藍營的批判是比較凶。因為美國的記者很多跟綠營的關係非常的好，所以很多的資訊大概從這邊來的。還有就是在美國綠營的第二代非常綠，藍營的第二代完全沒有顏色，所以就沒有人在那邊繼續推動，因為也很難。說老實話，你在那裡支持中華民國，在美國非常寂寞，所以這是我們比較弱的地方。那我也要怪一下國民黨，就是對海外宣傳，跟民進黨比實在是差得太遠，民進黨辦了多少在美國的夏令營。讓這個綠營的子弟能夠去參與啊，所以就是培養出一些在美國，不僅是這個訴諸國會直接Lobby，還有就是他們第二代的這種參與，正是他們的立場。所以這大概是我們為什麼會在質的指數，有一些表現不太好的地方。但是我相信，如果今天回頭看這些我們一向引以為傲的民主，然後發現我們的新聞自由，不如三聖、不如布吉納法索，我覺得我們也還是應該有點汗顏。

蘇永欽：主持人，各位好朋友，很感謝基金會邀請我來參加這個有意義的會議，以下簡單表達我的四點想法：

談到與民主的距離，首先就是標尺的問題。剛才嚴老師以政治學家立場，從一些比較量化的研究切入。但他同時也指出其局限性，有時必須犧牲很多的細節。我只能捨棄這樣的宏觀比較，就一個法律人，難免主觀的，選擇一個我認為可以測度民主的標尺，讓臺灣跟自己去比較，離開民主是越來越近，還是越來越遠。

我們在今天第二、第三場次談的是廣義的獨立領域，也就是政府體制內的獨立機關和社會需要受到政府充分尊重的獨立領域。正因為獨立和民主先天上存在某種緊張關係，能不能適當的處理，便是測度民主成熟度非常好的標尺。民主化後的臺灣，剛才吳院士說得最清楚，我們不再缺少的是民主最基本的量。而是當我們已經有了選舉，或選戰的民主以後，如何在品質上提升，也就是說，民主應該不僅是現在許多人理解的選舉民主，誰的票多誰有話語權，誰可以決定所有的東西，反而是民主同樣需要用以制衡的一些東西，比如法治、基本權保障和某些專業的理性。這時候我們才會看到獨立機關或更廣義的獨立領域的重要性。

所以我在剛剛有關獨立機關的場次曾分析，我國目前的各種獨立機關至少有六種不同的功能，越是成熟的民主國家，越知道如何節制多數決的濫用而讓這些機關的獨立自主性能更大程度的實現，這是第一點。因此我真的覺得這次會議能重視這個標尺，見到多數人所未見，實在是了不起的洞見，十分令人感佩。

第二點我就談距離。

這裡要看的就是獨立受到尊重的程度，獨立的機制有沒有被踐踏，該獨立的人有沒有真正獨立等等。民主化之後我們設置的獨立機關已經不少，在組成及運作上的保護機制也相當完整，有些地方，甚至超越大部分的國家，比如司法官的獨立保障。但就在最近這幾年我們的確可以看到，獨立部門幾乎是系統性的遭到侵蝕，我不能一一細數，就舉幾個比較嚴重記錄在案的來談。按剛才講的六個功能，第一個就是守護法治的司法部門。我認為最嚴重，就是影響層面最廣的大法官。在憲政問題上大法官往往可以造成跟政府決策一樣重大的影響，如何使大法官能本於憲法，超脫政黨政治的考量，最關鍵的制度性保障，就是不得連任。這可說是累積了幾十年的經驗才有此體會，而拉高到憲法增修條文去做明文規定，當大法官有連任機會時，不僅可能影響他在重大決定中的獨立超然性，更糟的是，即使大法官都堅持獨立，外界也不會相信。而當外界開始懷疑其動機時，實際上也使得他回到憲法獨立做自己的空間變小，反而只能按照多數人認為他「應該」採取何種立場去投票，以免被懷疑追求連任，所以我才說這是攸關獨立保障的重大制度。遺憾的是，我們竟看到蔡總統以一種非常粗糙的方式曲解條文，說再任不是連任，理論上只要隔幾天就任就不算連任，當然就破壞了整個制度。

司法改革大而無當、雜亂無章，卻又方向不明，對於一般法官的獨立性也有相當實質的影響，則是一般人很難感受到的，審級體制突然強制在不到十年內大幅調整，其理由的本末倒置，這裡就不多談了，但伴隨的訴訟制度大變動，以及法官人事的大幅調整，讓法官原來職涯規畫所建立的可預見性，特別是那些在審判體制有如中流砥柱的資深優秀法官，突然一切確定的未來都變成不確定，那種失落和否定的打擊，對於很不容易培養出來的人格獨立，無疑會造成很大的損傷，而且一定會蔓延到下級法院的年輕法官。我想到古聖人講的一句話：「從善如登，從惡如崩。」就是要學好，其實是像爬山一樣的困難。可是一個好的制度要崩解，往往就在一剎那間，我的感覺真的就是這樣子。

我們的總統，對於司法院、考試院，憲法那麼清楚給了他們主導改革的決策權，而把最後的決定權留給政治部門的國會。國會議員即使可以提案，也要尊重這些專業機關的優先主導，更不要說總統或行政院最多只能在國會審議階段通過黨政運作去表示意見。可是有關公務員的年金改革，有關司法改革，總統雖經各界一再提醒，還是要在府內舉辦國是會議，硬把考試院和司法院都變成了總統的幕僚機關，是行憲以來從來沒有發生過的越權做法。本來可以由這些超黨派的專業機關去對攸關國家文官保障以及司法公正與效率的法律提出草案，再基於民主原則讓國會各政黨去表達立場相互辯論，以做出最後的多數決。唯有如此人民才可以判斷，專業考量在哪裡？政黨的考量在哪裡？這正是我國設置考試司法兩院的精義所在。現在這兩個憲政獨立機關都不獨立了，所有的改革還是流於選票說話，更不要說少數幾位立法委員就草率提案修改考試院組織法，把考委縮減到三人，有如憲法機關間的霸凌，這第二個憲法機關獨立性的破壞，同樣徹底。

至於獨占糾彈權而可藉獨立避免黨同伐異的監察院，我不需要花時間講，就是剛剛李復甸教授講的，現在很多監察委員孟婆湯不是少喝，而是根本沒喝。從頭開始就不要忘記過去，還要重拾過去，所有的政黨恩仇到這裡一筆再做結算，這樣的一個監察院，我寧可他是空窗的。

獨立行政機關從通傳會到選委會，黨產會到促轉會，問題大家都很清楚。最近張善政前院長還提到，連公平會這樣一個維護自由競爭的獨立機關，處理高通案的方式都很異常，公平會在本案原已做成一個非常有勇氣的處分，以四比三的爭議表決認定高通有濫用其多項標準專利的行為而開了創天價的罰鍰。不管對或錯，總是按照法律做的決定，不料後來又主動和解，一方面把那個金額降到象徵性的數字，另一方面改成要高通投資臺灣。赤裸裸的政黨政治考量，犧牲法治來美化執政黨招商的成績，我不知道還有什麼別的解釋。一個獨立機關做出這樣的決定，這麼多年在競爭政策中立性、獨立性上的堅持，也瞬間消失了。

所以我看起來這已經是系統性的侵蝕。而其背後，就是一個觀念，民主，我是贏家，贏家全拿，財大而氣粗，你不能說他錯，這就是選舉民主的共同特徵。可是我們要問：臺灣真的不能往前走嗎？就停留在這？我們與民主的距離，在我看，真的是越來越遠。

第三點就是策略。

剛剛幾位熟悉臺灣公共事務的專家都談了很多高明的策略性思考，包括國民黨今天應該改以何種論述來爭取年輕人的認同，避免在主要話題上永遠挨打的窘境，從而在民主無法迴避的選戰上，不至於陷入一路下滑的頹勢，這個真的不是我熟悉的。但也正因為今天的研討會，我們大概不會期待它就只是站在哪個人或黨的立場，而更多的是希望看到臺灣也夠成熟到可以理性、客觀的討論這些問題。

因此我談的策略，其實是從公共知識分子的立場出發，相信臺灣整個公民社會的理性。我認為在這個藍綠定期翻轉、不斷重複彼此錯誤的初階民主，我們也許在策略上必須要求一個東西，就是原則和價值的一致性。隨著社會變遷政治主張當然可以合理的跟著調整，此一時也彼一時也，不是永遠不能改變。所以這裡強調的一致性指的是原則和價值，我們要對這個民主制度裡所有的政治行動者，乃至其側翼的學者，不斷追問他的主張和對事情的評價，一致性在哪裡？包括對同樣的施政方式，同樣的爭議，四年以後可能再執政的國民黨，他的一致性在哪？比如現在民進黨通過公投與選舉脫鉤，實質上把公投關進鐵籠，國民黨的反對究竟是基於對公投真實的信仰，或只是反對這種偽裝的開放公投，國民黨贊不贊成以完成建構足夠審議元素為前提的公投民主，或者一切其實還是為反對而反對，執政以後又角色互換，反過來為鐵籠公投辯護。現在的問題不正是如此嗎？只是最近三年的民進黨已經不只是無視於之前在野時的主張，有些地方甚至已經回到民主化前威權政府的做法和正當性論述。要跳脫這種荒謬無比的選舉民主，比較可行的策略也許就是一致性的強調。除非我們永遠自耽於這樣一種空洞低俗，比上不足、比下有餘的選舉民主。

最後一點就是信仰的問題。

從許多地方已經達到荒腔走板的地步，我們真的開始要問，何以致此？今天的執政者不知道民主是有標尺的嗎？不知道我們的民主在明顯倒退嗎？好像都不可能，我常常想，在很多方面，政府裡的人有著比我高很多的知識和智商，有的在社會上還享有耀眼的道德光環，他們應該很清楚，民主政治的發展不應該走到現在這個方向。看起來，這裡可能已經涉及到我們對民主政治有沒有真實信仰的問題，今天許多的作為和現象，原因好像就出在民主和其價值都被工具化了。

只有這樣，比較能解釋很多學者當年也寫過很多闡述獨立機關為什麼必須保持獨立的深刻道理，現在看到獨立領域一一陷入危機，卻都可以保持沉默的原因。當我們對於民主失去真正的信仰時，比如以我們現在兩岸分治卻未分離的國家狀態，是一個非正常的國家，從而在轉變為正常國家以前，民主法治都可以成為此一更高理想的工具，唯有這樣，比較能理解這些政治或學術菁英思想與行為不一致的矛盾。

這讓我想起了德國的經驗。德國在二戰以後，兩個最主要政黨，一個是右派，一個是左派。左派政黨─社會民主黨（SPD），是一個有百年歷史的大黨。有許多人才與高明的政策，但二戰後始終沒有辦法執政，根本原因即在其百年來對於馬克思主義的信仰，即使經過二戰的痛苦教訓，內心始終還有一個遙遠的理想，給人的印象就是現時的民主法治對這樣一個歷史大黨終究只是一個過渡的工具，一直到一九五九年，他們在葛德斯堡開了一個黨員大會，正式告別馬克思主義的終極信仰，其所有作為才逐漸贏得人民的信任，很快的從參加大聯合政府，到完全執政。這個例子說明的是，對任何民主國家而言，民主必須是一個真實的信仰，你可以用很多方法去實現民主，但民主本身不能變成一種工具。所以，我認為所有的政治行動者都有義務表白，對於民主是否有真實的信仰，然後我們就可以提出一致性的要求，對於所有的立場反覆提出質疑。如果民進黨願意發自內心的接受全民推動民主的結果，放棄「不正常國家」的想法，甚至明確做出這樣的宣示，臺灣的民主也許就可以止跌回升了。當然我這樣講，政治上可能非常幼稚。但研究比較政治的學者難道不能告訴我們，所有國家源於各自歷史都可能有一定程度的「不正常」，民主政治的優越其實就在於它可以帶來正常，高質量的民主更可以帶來多數人願意接受的正常國家。如果我們大家對於民主都抱有真實的信仰，大家現在就應該一起來追求更成熟的民主。不要因為兩岸問題就把民主法治工具化，相對於許多國家面對的更嚴重問題，如種族、宗教衝突，我們的問題並沒有想像中的嚴重，我就講到這裡，謝謝。

江宜樺：主持人、各位與談人、各位女士先生，大家好，非常感謝大家留到最後這場論壇，仍然熱情地參與研討會的活動。在這個有限的發言時間裡，我就不重複今天上午開幕式時所講過的話。我想利用這個簡短的時間，來呼應一下今天研討會中部分講者所提出來的一個問題，就是「臺灣民主倒退之中的中國因素」，或簡稱「中共因素」的問題。

過去三年來，臺灣民主確實出現很多倒退的事實，這裡我不再贅述。但是，臺灣民主之所以會出現這些現象，除了臺灣自己內部的因素，譬如執政黨的性格、或是政黨政治無法上軌道等等之外，毫無疑問地，跟臺灣外部的中共政權是息息相關的。

中共在臺灣民主政治的發展過程中，始終扮演著「對照組」的關鍵性角色。而過去三年裡，它變成了民進黨政府在做三件事情的時候不可或缺的論述工具。

第一個就是在區辨敵友的時候，因為中共是臺灣的敵人，所以「親中賣臺」變成一個很好用的標籤，也是最容易用來打擊國內對手的標籤。由於國民黨比較願意跟中國大陸交流互動，因此民進黨就不斷宣傳國民黨是個「親中賣臺」的政黨。只要國民黨被貼上「親中」的標籤，她就變成臺灣的敵人。

第二、在準備濫用政治權力的時候，中共對臺灣的威脅，就成了當政者違法濫權、限制人民自由的藉口。因為「中共對我們有吞併的企圖」，所以「我們必須採取一切必要措施防止中共的併吞」，不管這些手段合法與否、正當與否。因此，「中共威脅論」也變成了一個可以合理化政府種種不法作為的藉口。

第三，當越來越多中立性的力量（包括媒體跟學界）指責政府行為不法，讓臺灣民主倒退的時候，政府顯得無所謂，因為它說無論再怎麼樣，中共比我們還不民主。任何的威權專制、任何的權力濫用，只要不是在臺灣內部做比較，而是拿來跟中共相比，那絕對不會比中共更不民主，所以政府對民間的批評一點也不在乎，甚至還振振有詞。

假如我們民主發展三、四十年之後，當政者只能用「中共因素」或他們所講的「中國因素」，來辯護自己所有的不民主作為，那只是證明了現在的政府對民主觀念之淺薄跟悲哀。因為民進黨政府所講的民主，並不是一種發自內心的信仰，而只是一種把它工具化之後的操作。

我必須講，中共當然是對臺灣有威脅的。在臺灣社會，這一點除了極少數的急統派之外，絕大部分的人都非常清楚。但是中共對臺灣的威脅，從一九四九年以來，從來沒有間斷過，但即使在中共對臺灣威脅更大的時候，臺灣政府也沒有因此而決定不走向民主。就如同我今天早上講的，蔣介石總統在一九五〇年的時候，就開始實施地方自治，並沒有因中共威脅解放臺灣而有所猶豫。蔣經國總統在一九八七年決定解除戒嚴、開放黨禁報禁；李登輝總統在一九九二年決定全面改選中央民意代表、廢除動員戡亂時期臨時條款、修正刑法一百條的意圖顛覆叛亂罪，我們做這些重要決定的時候，中共從來沒有停止過對臺灣的威脅，但是政府還是一步一步民主化，因為該做的事情還是要做。

因此，今天動不動用中共對臺灣的威脅有多大、中共有多少的飛彈彈頭對準臺灣、或中共如何打壓我們的國際空間為理由，就要加重國安法的刑罰規定、或用「中共代理人」的紅帽子扣在反對黨及異議者的頭上，我們是完全沒有辦法接受的。這種做法，只是利用中共威脅論來打壓內部的異己。

第二，政府強調中共是不民主的國家，這一點其實也不需要政府告訴我們，我們非常清楚。我們知道中國共產黨統治之下的國家，從一九四九年到現在，從來沒有民主過。雖然它對內宣傳「人民民主」或「社會主義民主」，但這些都不是臺灣人所認定的民主。而臺灣的民主再怎麼樣跌跌撞撞，總是比對岸的民主要好太多。所以跟我們講因為中共不民主，而我們比他們民主，所以我們就很驕傲自滿、可以隨便做出一些不民主的事情，我覺得那是非常無恥的心態，而且是「五十步笑百步」的說法。

民進黨政府一邊動不動批評中共比臺灣不民主，一邊採取許多不民主的作為，實際上是越來越像中共，這才是我們今天感到特別憂慮的地方。雖然我們也同意，現在政府的專制程度跟中共政權相比，還是差很遠，但是各位只要細心思考，就知道現在的做法其實是回到一九五〇、六〇年代的威權時期，是臺灣民主的倒退。

讓我舉個具體的實例。蔡政府已經宣佈下個會期就要推出《兩岸人民關係條例》的修訂案，加重懲罰所謂的「中共代理人」。它的意思是要在臺灣內部找出所有它懷疑為中共代理人的個人或團體，然後禁止其言論自由，並判處徒刑。這個條文的草案是這樣的：「臺灣地區人民、法人、團體或其他機構不得與大陸地區黨務、軍事、行政、具政治性機關、團體或涉及對臺政治工作、影響國家安全或利益之機關、團體或其代理人，從事危害國家安全的政治宣傳，或接受其指示或委託而為之；也不得舉辦或在共同舉辦的會議中，發表危害國家安全決議、共同聲明或相應聲明。違者處三年以下有期徒刑、拘役或科或併科五百萬元以下罰金。」這意味著將來政府只要認定您講的話或發表的意見是違反國家安全，或是在兩岸共同舉辦的會議中（包括學術會議）發表任何政府認為危害國家安全的聲明的話，就可以處罰有期徒刑或併科罰金。

所有法界的人都指出，類似這樣的條文是以非常模糊的方式定義「國家安全」。而且國家安全的定義，完全由政府自由心證去決定。照理說，國家安全如果嚴格講的話，凡是傷害到中華民國的主權及獨立地位的，都是國家安全的威脅。但是我相信大家都知道，蔡政府在應用這個條款去找出這種危害國家安全的團體時，它對於那些主張「消滅中華民國」、主張「務實臺獨」、主張「建立臺灣共和國」的言論，絕對不會說他們危害國家安全。但是相對的，凡是主張「九二共識、一中各表」、主張「未來一個中國原則」、主張「兩岸一家親」、主張「追求和平統一」的，它都可以認定為危害國家安全，更不要講那些主張「一國兩制」、或「祖國統一」的聲明。

這是我為什麼說，這樣的條款如果順利通過的話，所有的個人、團體，都可能隨時會受到行政機關的傳喚，因為民進黨的條文草案也規定，主管機關只要合理懷疑任何人民或團體有上述的情況，就可以傳喚他來回答所有的問題、提出所有的文件資料。如果被約談不來的話，就可以處罰新臺幣十萬元以上、五十萬元以下的罰款，並且連續罰到他乖乖到行政機關應訊為止。

像這樣的條文雖然跟中共鎮壓異議分子的條文還差很遠，但是相對於臺灣走了三、四十年、好不容易擺脫的所謂威權統治的做法，卻又明顯的是走回頭路。而這種回頭路，只要開了一個頭，後面還有多少後果是沒有辦法預測的。

前兩天，蔡英文總統在哥倫比亞大學發表了一篇看起來相當溫馨感人的演講。在這個演講裡面，有一段話我想先念給大家聽：

想像一下：獨裁勢力伸入我們的日常生活，突然間，在自己家的書店賣某本書，就違法了；在社群媒體貼文批評某項新政策，就遭傳審訊。當你突然察覺到一股看不見的勢力在監視你的一舉一動，一切都已經太遲了。你開始審查自己的言論和想法，不再和朋友討論時事，因為害怕被竊聽，大部分時間都提心吊膽的前瞻後顧，根本無法好好面對未來。

上面這段話，各位當然知道她是在諷刺中共。可是蔡總統所講的，不也正是我們說的那個即將在「中共代理人法」修訂完成之後的臺灣嗎？她不也正是一步一步透過國安法的修訂，去打造一個「由行政機關任意決定誰違反國家安全」、「每個人在講話或貼文前都要先自我審查言論」、「人人都擔心政府的竊聽及監視無所不在」的恐懼情境嗎？

這就是我們的總統。她在出國參訪時，到處宣揚臺灣有多麼自由、多麼民主，但是她在國內卻舉起威權專制的大刀，砍向所有跟她意見不同的人民。這種對比，我看了既氣憤也難過。

我常常想，我們走了這麼多年的民主，為什麼今天會走到一個容許執政者可以用這麼高傲的態度，粉飾自己的威權蠻橫，同時又可以任意界定誰是敵人的地步？

這個政府可以界定什麼是威脅、什麼應該被監視、什麼訊息必須被刪除、什麼人應該被約談、什麼團體應該被處罰，而人民似乎只能覺得無能為力。

然而，我並不抱持這種「無能為力」的想法。有些事情雖然讓我覺得痛心，但我絕對不會屈服。對於一個好不容易走過民主轉型歷程的國家來講，民主不是一件容易的事情。人類歷史並不是一開始就要民主，但是臺灣發展到今天的狀況，如果有人說我們不要民主，乾脆採取非民主的體制，我很難接受。

現在我們政府的所做所為，完全不是出自一種真正對民主的熱愛，而不過是為了鞏固自己權勢、消滅政治上的對手。這種做法背離了過去的臺灣民主發展史，背離了民進黨創黨時的理想，更辜負了許許多多人民的期待。我們必須指出這個問題，阻止它的惡行。

周錫瑋：我可能講法跟語氣跟前面幾位教授可能會不太一樣。

各位，如果要記得我們在修刑法一百條的時候，一百條裡面立的這個法跟現在的國安法、中共代理人法比起來，是完全不一樣的內容。

以前講的是真的去進行叛亂。才可以適用。現在不是，只要你跟大陸任何團體來往、法人來往，不要有任何的洩密、叛國的行為，他就可以把你抓去關起來。

我相信許多人非常懂司法法律，但是只要影響到、違反到國安法，可以馬上抓起來、祕密審判、可以不必告訴外界任何理由。

只要跟大陸的任何團體來往，就可以被認定為涉嫌人？

七年以上有期徒刑，罰款五千萬到一億元。

我覺得大法官怎麼會睡著啦？這本來就是一個違憲嗎？

我們為什麼不能保持一個和平的關係。如果你要讓大陸能夠有所改變，請問你最好的方法是做他的敵人，還是做他的朋友？

當然做他的朋友。

我們今天連財政收支劃分法對地方政府，都沒有辦法讓他能夠自由自主，一定要跟中央乞求。

我不知道監察院能夠有多大功能，但是我們有什麼辦法？為什麼老百姓會罵政府？因為我們的法律，太多如牛毛啦。才知道為什麼臺北市都更永遠改不了。

為什麼我們地方政府跟中央法令訂得太複雜了，所以東西弄到最後，什麼東西都做不了，臺北市永遠改不了。

為什麼不把法令改簡單一點，讓人家就看得懂？

今天我來這裡，謝謝江董事長、馬總統讓我出席參與。我想跟各位講的就是，我希望事實與現實跟我們的理想能夠拉近一點。希望我們在維護民主跟法治的時候，我們自己人的力量、聲音要大一點，拳頭要大一點、要硬一點。

朱雲漢：馬前總統與宜樺兄安排我在最後一場最後一個發言，是希望我能夠做一點結論。要做結論，其實我並不敢，因為大家意見很精采很豐富，要很簡單的歸納並不容易。但是，基於我自己一種感受也好，或一個基本判斷也好，作為一個研究民主化議題三十多年的學者，我今天要做一個結論，其實也很容易，就是我們把這個今天會議的主題再加兩個字就可以。今天的主題是「臺灣與民主的距離」，這是我們馬前總統典型的溫良恭儉讓。加兩個字就是「臺灣與民主崩壞的距離」。我沒講錯話，大家沒有聽錯。我再說一遍「臺灣與民主崩壞的距離」。

我很擔心很多人，包括一些媒體名人，會被一些幻覺或錯覺所迷惑。事實上，我覺得臺灣的民主現在用八個字來形容很貼切，叫「金玉其外，敗絮其中」。然後我們有一個政黨很會用進步議題包裝自己。比如說廢死刑啊，反核，同性戀婚姻等，然後去討好國外的這種所謂先進的多元價值標準，然後臺灣民主評比的分數還可以拉高一點。但是其實民主最核心的要素卻是一點一點在流失，被侵蝕。廖元豪教授一開始在第一場的討論裡面，還有其他幾位講者，都指出所謂「國安五法」的修訂，讓今日臺灣民主面臨什麼樣一種危險的境界，是一夕可以回到動員戡亂時期。這不是一個誇張判斷，這是一個迫在眉睫的對民主體制生存的威脅。可是整個社會好像還是歌舞昇平，很多知識菁英、媒體菁英、還覺得臺灣民主非常牢固，不可能走回頭路等等。我很擔心這個錯覺。

我在第一場擔任主持人時，特別想跟大家介紹這本書，它有中文翻譯本更容易接近，就是Steven Levitsky跟Daniel Ziblatt兩位哈佛大學教授去年出版的《民主如何死亡》（*How Democracies Die*）。這兩位教授在我們民主化研究領域裡面，是被國際公認中生代裡面，學術成就與理論創造受到廣為推崇，非常重要的代表性學者。事實上他們也是感覺到這個民主崩壞的危機逐漸逼近，所以二〇一八年他們才出版了這本書。這本書我推薦各位看一下，因為第一點他們對於一個將近一百年來民主崩解歷史案例做了很完整、很重要回顧與歸納，然後你去看那些民主逐漸走向崩壞的國家，曾經歷過什麼樣的過程，然後早期的徵兆是什麼？中期的徵兆是什麼？你現在看了這些案例以後，再對照臺灣這幾年發生的事情，你會不寒而慄。

這兩位作者告訴我們，很簡單，就是，民主的崩壞很少是鯨吞，大多都是蠶食。所謂鯨吞就一場暴力革命，或者是一次軍事政變，一夕之間就把民主政體推倒，然後建立非民主政體。

這種案例是有，但是不多。多半情況是蠶食，是由民選程序產生的政治人物，有很強的威權傾向，或法西斯傾向，用各種藉口與理由一點一滴的去侵蝕民主體制的根基，這種蠶食過程就像癌細胞逐漸繁殖與擴散一樣，今天這個器官被它占據了，明天就另外一個器官，然後逐漸擴散到全身。一開始好像對你的生命、對健康威脅並不是那麼直接，那麼迫切。但等到你很多重要器官都被破壞的時候，你的生命就很脆弱了，就禁不起風吹草動，一場選舉爭議引發的政治危機、或一場嚴重的天然災害或經濟衰退導致的社會危機，都可能最後觸發這個民主體制的崩解。

《How Democracies Die》舉很多類似例子。威權傾向的政權先是侵蝕獨立機關，把獨立機關變成政治鬥爭的場域，或是鞏固黨派權力的工具。通常第一個是司法機關、然後是選務機關、稅務部門，也把檢察體系、警察與情治都一一染指，再來就是整體破壞常任文官體制。所謂行政中立、依法行政這些法治原則就會逐漸被侵蝕，因為這些關鍵部門的主管都是政治任命的，對統治者這個黨派絕對效忠的人占據了重要職位，有很大的行政裁量權，可以用公權力打擊政敵，威嚇反對黨的支持者。同時，經常看到的症狀就是以赤裸裸的多數暴壓制國會的反對黨，限制反對黨的合法制衡與監督權力。最後政治的黑手就會慢慢伸向新聞媒體、學術界以及其他的本來應該是比較獨立自主的公民社會裡的各種群體，這個蠶食的過程在歷史上斑斑可考。而且這些侵蝕民主根基的政治動作往往都是形式上合法的，因為執政者利用國會多數強行通過這些實質上違反民主法治原則的法律，而且威權傾向的政治人物在淘空民主根基時，也往往是打著冠冕堂皇的旗號，例如維護國家安全，甚至是以深化民主改革為藉口。那大家聽起來會不會覺得跟我們眼前看到的各種跡象，對照起來是若合符節。

這本書的第二個重要訊息，大家可能會非常意外，會很驚訝。這兩位作者告訴美國讀者說，我們一輩子研究世界各地民主崩壞過程，而萬萬沒有想到我們今天也必須開始擔憂，美國是不是已經開始進入民主崩壞的過程。他們的重要警訊是"It Could Happen Here"，直接翻譯就是「不要以為不可能在美國發生」。不要以為美國是民主模範生，有那麼深厚的歷史、文化、制度的根基，就一定可以完全免疫。

他們提醒我們留意川普當選過程中顯露的各種反民主言行。包括川普如何對待批評他的新聞媒體。他公開縱容白人種族主義者用暴力去威脅那些抗議種族歧視的團體，在維吉尼亞州還鬧出人命。而且他濫用國會的授權，把行政權裡處理特殊狀態的緊急權力當作常態權力來運用，他居然可以宣布緊急狀態，然後在國會強烈反對的情況下動用國防預算去修築美墨邊境的圍牆。他採取這個做法，因為民主黨控制的眾議院拒絕通過他要求的預算，他就公然侵害國會的預算權。動用緊急基金去蓋牆，這些都是一些民主崩壞過程的早期徵兆。更不用講說，他很喜歡跟獨裁者非常親近。這兩位哈佛大學教授都擔心民主崩壞過程在美國都可能會發生，那何況臺灣呢？如果我們沒有這個警惕，是非常令人憂慮。其實我們已經到了可能一夕回到動員戡亂時期的民主存亡關頭。然而，整個臺灣社會的知識界、與媒體界居然沒有這樣一種警覺，這是我非常擔心的。

剛才江院長也談到，你要維護民主其實並不容易，民主可以是很脆弱的，尤其在一個國家認同嚴重分裂的社會。這兩位哈佛大學教授擔憂美國民主面臨危機，還不是因為川普一個人的反民主傾向，而是美國政治被兩極化衝突所綁架，情況愈來愈嚴重。他們提到，民主的平穩運作不僅僅需要有妥善與良好的制度設計安排，權力問責、制衡與監督機制等等。也非常需要政治菁英額民主素養，或是廣義的民主文化，這是維護民主穩定與健康的狀態最基本的要素，不管在朝在野都應該要有的基本素養，你沒有這個東西，制度設計得再好都沒有用，制度的邏輯是可以被顛覆掉。有兩種民主素養非常關鍵，一個是寬容（Tolerance），另外一個叫自我節制（Forbearance）。他們最擔心這兩種民主素養在美國社會不斷再流失，而流失的主要原因就是社會撕裂，兩黨鬥爭越來越激烈。

寬容的內涵很簡單，就是要尊重反對黨，尊重持不同意見團體的平等地位與基本權利。寬容也包括對少數族群，對於不同宗教信仰者的尊重。也包括對於本來應該享有獨立自主地位的宗教組織、民間社團、新聞媒體、學術機構等自治團體的獨立性與自主性的尊重。所謂自我節制，就是說絕不會輕易逾越民主法治一些底線，絕對不會濫用多數。絕對不會為了一時的政權得失而濫用自己的法定權力，不會根據黨派利益的需要而把自己的權力用到極點，例如不會任命黨派色彩濃厚的人去主掌選務或金融監理，不會提名意識形態偏激的人出任大法官；如果缺乏節制，就會把手中的權力完全用來打擊政治對手，或是鞏固自己的權位。如果說你沒有底線的話，那麼這個社會的政治菁英對民主的共識很快就會被侵蝕掉。因為冤冤相報，我上臺，我就把權力用到極點，打擊異己；反過來也是一樣，我下臺，就被政治清算、司法迫害，就這樣惡性循環。而且一旦你在位時把權力用到了極點，經常違法濫權，你就不敢下臺了，也不願意下臺了，即使靠選舉舞弊也要維持自己的政權。當在位者用盡各種手段來維持自己的政權時，就走上了威權體制道路，威權統治者就會騎虎難下，愈不敢下臺就愈會不擇手段贏得選舉，不計後果打擊政敵。這些都是典型的民主崩壞歷程。

我對臺灣的前途是很憂慮，因為所有可能會把臺灣導向民主倒退，民主崩壞的內部外部條件都已經具備了，而且很多跡象已經顯露。過去對臺灣民主鞏固的有利外部條件現在都消失了，現在外部環境對臺灣的民主是非常不利的。從國際面來看，臺灣民主處在一個逆境，而不再享有順境，這跟九〇年代完全不一樣，甚至與本世紀第一個十年也不一樣。正如我的一位好朋友戴蒙教授（Larry Diamond）所說的，第三波民主化已經進入退潮階段，他在二〇〇七年就寫文章指出歷史開始進入全球民主蕭條階段，民主化的動力已經竭盡，而民主發展不進則退。各種不同形式的一種民主倒退現象，甚至崩解現象，已經逐一浮現。

過去美國是推廣民主的推手，把民主人權當作重要外交目標，但今天川普反過來，他本身的言論和行為就有反民主傾向，他的外交政策完全把民主與人權擺在一邊。只有戰略利益考量，所以可以與任何政權進行政治交易，也可以犧牲任何戰略棋子。願意與他戰略布局配合的政權，即使民主人權記錄不佳，沒有關係；不配合他戰略布局需要的政權，即使你是民主的，他也可能打壓你。這種雙重標準事實上對全球，包括亞洲與臺灣的民主發展都是不利的。假如你今天配合華府對中國大陸圍堵，那你破壞法治打擊政敵沒有關係。但他睜一隻眼，閉一隻眼。如果一個政府拒絕在在美國跟中國大陸戰略對抗過程中明確選擇站在美國這邊的話，那他對你就會百般刁難，甚至刻意培植你的政敵，這種外部干預力量對臺灣的民主發展非常不利。

其次，西方發達國家的民主體制本身也出現各式各樣的危機。過去，臺灣有不少值得仿效的典範、而今日典範也都在消逝之中。歐洲很多國家都出現極端排外的本土民族主義，歧視新移民與非基督教信徒，跟我們現在臺灣碰到的國族認同衝突有雷同之處。當你把國族認同拉到無限上綱的時候，那對少數群體的權利保障，對政治反對勢力地位的尊重，都可以被犧牲。在民粹主義上揚的時代，在有法西斯傾向的激進右翼團體開始興起的歷史情境裡，我很擔心臺灣政治人物會有樣學樣，因為他會覺得別的國家也都這樣，為什麼我們不可以？例如，他們開始打壓這個假新聞，就是用假新聞為藉口去打擊特定新聞媒體，那我們也可以學。

還有，我們也看到整個網路科技革命對民主產生很大的破壞作用，臺灣今天也面對這個難題。網路傳播導致社會撕裂的加劇，民粹政治人物可以透過各種不同的資訊操弄手段與針對性網路行銷，可以挑動社會裡面不同群體的偏見、仇恨與恐懼。加深社會內部的分裂，以及相互的不信任。

另外一個對臺灣民主不利的條件就是兩岸關係正處於比較緊張的狀態，兩岸關係可能愈來愈緊張，這對臺灣民主絕對是很大的箝制。而且這很弔詭，如果兩岸還是處在一個雙方強調兩岸關係和平發展為主軸的話，那對臺灣民主體制運作也提供了一個比較寬鬆的環境。可是如果我們的執政者走的是臺獨路線，那兩岸關係一定愈來愈緊繃；反過來，執政者就可以利用所謂中共威脅的理由，來限制國內的自由，來打擊異己，這是一個非常讓人擔心的惡性循環。如果政治人物可以從兩岸關係惡化中得到政治利益，那自然會更不在乎挑釁對岸。然後兩岸關係更惡化，執政者又可以用「中共代理人」這模糊概念羅織罪名，用來箝制國內的人權跟自由，來打擊異己，我是非常擔心。總而言之我覺得外部條件不利於民主時，藍綠對立還會更激化，然後政治衝突或鬥爭的戰場就會無限延伸，一直延伸到大學校園裡校長的遴選，到中學裡歷史教科書的選用，整個社會都被捲入這樣一種政治兩極化。

整體來講，我們必須要有一種危機感，必須要深刻認識，臺灣的民主絕對不是處在一個風和日麗的狀態。不能生活在一種安逸自我陶醉的情境裡，就以為我們只是看到一些輕微的民主倒退現象。臺灣即將迎接一場大選，無論如何我們要起身維護最起碼的民主底線，也就是說要維護一場自由、公平、公正的選舉。如果連這個都做不到的話，那我們就不只是從自由民主倒退到選舉式民主，而是從一個選舉式民主實質上退化為一個以民主為裝飾的威權體制。

馬英九：今天我們非常高興，在這場討論中從各個角度看臺灣的民主，我個人覺得獲益良多。這場研討會是宜樺跟我在三個多月前合辦「二〇一九民間能源會議」之後，覺得民主議題不能忽略，再度決定舉辦的。

各位都知道臺灣在世界國家當中的民主發展，在一九九六年舉行總統直選之前，在自由之家的三個類型的國家（自由、部分自由、不自由）當中，我們一直處於部分自由（Partially Free），一直到總統直選之後我們的分類才變成Free（自由）。當時我正任職法務部長，心裡很開心，覺得我們總算進入民主國家。八年後，我擔任總統之後，也特別在就職演說裡面請大家提醒全部的公務員——「權力，使人腐化，絕對的權力，使人絕對的腐化」。平常這個話就是媒體在講，或者反對黨在講的。但我不是、我們是執政黨，而且我是就職典禮當中講的。為什麼呢？我就知道很多民主的崩壞跟權力氾濫有很大的關係。果不其然，我們離開之後種種現象就出現了。

事實上，我在總統任內就注意到今天我們得到的幾個問題：比如像轉型正義。例如關於二二八，我們訂一個二二八事件補償及處理條例，是我在法務部長任內訂的。前後二十多年，我一直能注意到，深刻感覺到轉型正義有它的必要，但是它也不是萬能的。我們在該做的事做完之後，應該把需要再做的事情交給現在的司法機關，不需要從頭再來像東德，或像南非一樣。那樣子再做的話，實在是不成比例。

另外一方面。我們真的要注意，不要讓我們民主的制度崩壞。從剛才討論的過程中，可以看出現在的民主旗幟，確實如雲漢兄所講的：「已經進入崩壞了」，但這次研討會題目訂作臺灣民主的距離沒有直接用「崩壞了」，是希望這個結論由大家來做。

我一向主張溫良恭儉，但是當仁不讓。今天聽了這麼多報告之後，大家應該非常清楚。

我們自己一方面要喚醒人民，要讓他們知道這個民主，是有的人自我感覺良好。剛剛宜樺也講，蔡總統到了哥倫比亞大學又在講臺灣的民主、民主如何……憑良心講，我聽了之後覺得什麼，兩個字——噁心。

為什麼？你在臺灣把我們的公投關進鐵籠去，你好意思在國外說你是民主的捍衛者嗎？人怎麼可以這樣子？這個不是虛偽嗎？這不是欺騙嗎？這就是我最擔心的，如果我們民主走到這個地步之後，不知道自我檢討還自我感覺良好，真的是非常大的危機，所以我們一方面要喚醒我們的人民，讓他知道我們的民主遭遇到危機了，同時，我們也讓全世界都知道，臺灣民主遭遇到問題了。否則的話，自由之家還是把我們民主的評比，一個Political Right，一個Civil Liberty，兩個項目的總分是九十三，幾乎接近北歐國家、比美國的八十六分還要好。但是我們真的有這麼好嗎？當然沒有嘛！所以今天的會議我們會發英文的通訊，讓全世界都知道臺灣的民主正在接受檢討，這次我們希望更上一層樓，是非做不可的事情。

尤其在六月九日香港發生反送中抗議之後，蔡總統非常高調譴責香港政府，我也在想，你憑什麼譴責他？你譴責他有什麼正當性？你把我們的公投關進鐵籠裡面去，還在笑香港。香港現在反送中已經壽終正寢了。沒有再動，可是我們的公投法修憲卻在一天之內過關了。這真的值得我們得意嗎？現在這種情況下，我真的要藉這個機會喚醒我們的民眾，也提醒全世界，我們的民主遭遇到非常多的問題，我們一定要徹底檢討、把它扭轉過來，臺灣才有希望。

今天的座談會只是一個開始，希望在場的每一位好朋友們都能夠把這個訊息傳出去，並且在每一個節骨眼上，都能夠守住一個正常民主應該有的水準。大家說，好不好？

好！（全場觀眾）

非常感謝來參加。我們希望今天是個開始，不是結束，讓我們一起努力吧，祝福大家。

臺灣與民主的距離

2019年11月初版
定價：新臺幣420元

編　著	馬英九基金會
	長風基金會
特約編輯	陳小玉
封面設計	兒日
編輯主任	陳逸華

出版者	聯經出版事業股份有限公司
地址	新北市汐止區大同路一段369號1樓
編輯部地址	新北市汐止區大同路一段369號1樓
叢書主編電話	(02)86925588轉3932
台北聯經書房	台北市新生南路三段94號
電話	(02)23620308
台中分公司	台中市北區崇德路一段198號
暨門市電話	(04)22312023
台中電子信箱	e-mail：linking2@ms42.hinet.net
郵政劃撥帳戶第	0100559-3號
郵撥電話	(02)23620308
印刷者	世和印製企業有限公司
總經銷	聯合發行股份有限公司
發行所	新北市新店區寶橋路235巷6弄6號2樓
電話	(02)29178022

總編輯	胡金倫
總經理	陳芝宇
社長	羅國俊
發行人	林載爵

行政院新聞局出版事業登記證局版臺業字第0130號

本書如有缺頁，破損，倒裝請寄回台北聯經書房更換。　ISBN 978-957-08-5413-8 (平裝)
聯經網址：www.linkingbooks.com.tw
電子信箱：linking@udngroup.com

國家圖書館出版品預行編目資料

臺灣與民主的距離/馬英九基金會、長風基金會編著．
初版．新北市．聯經．2019年11月．224面．14.8×21公分
ISBN 978-957-08-5413-8（平裝）

1.臺灣政治　2.民主化　3.文集

573.07　108016939